AF453547

CONSTITUTIONS,

STATUTS ET RÉGLEMENTS GÉNÉRAUX

DU RIT ÉCOSS∴ ANC∴ ET ACC∴

N° 188

Exemplaire du T∴ C∴ F∴ Rieken,

Val∴ de Bruxelles, le 25ᵉ j⸱ 1ᵉʳ m⸱ 5859.

Le Secrét∴ Gén∴ du St-Empire,   Le Trés∴ du St-Empire,

CONSTITUTIONS,

STATUTS ET RÉGLEMENTS GÉNÉRAUX

DU RIT ÉCOSSAIS ANCIEN ET ACCEPTÉ,

SUIVIS

DES RÉGLEMENTS ET DÉCRETS DU SUPRÊME CONSEIL

DE BELGIQUE,

ET AUTRES PAYS SOUMIS A SON OBÉDIENCE ;

ET PRÉCÉDÉS

D'UN APERÇU HISTORIQUE SUR LE RIT ET SON INTRODUCTION DANS CE PAYS.

DES PRESSES DU SUP∴ CONS∴,

VALL∴ DE BRUXELLES.

—

5841.

APERÇU

SUR

LA MAÇ∴ ÉCOSSAISE[1]

---

§ I.

LA FRANCHE-MAÇONNERIE EN ANGLETERRE, EN ÉCOSSE ET SUR LE CONTINENT.

D'après les auteurs, dont les écrits sont depuis long-temps passés à l'état de doctrine, la Fr∴-Maç∴,

[1] L'histoire de certaines familles, traitée avec développements et preuves, a donné lieu de la part d'auteurs, fort concis du reste, à plusieurs in-folio; celle d'une société aussi ancienne, aussi répandue que la Fr∴-Maç∴, et dont l'influence a été si puissante sur la civilisation, exigerait un Bossuet pour en donner un précis, et un abbé Fleury pour en présenter une analyse raisonnée.

La bibliographie maçonnique de K. C. STILLER énumère 1052 ouvrages écrits en langue allemande : Deutsche Bücherkunde der Freymaurerei und der damit in wirklicher oder vorgeblicher Beziehund stehenden Geheimen verbindungen, orden, und Secten. Allen ger. u. vollk. St-Johannis Logen Deutschlands gewidmet von Karl Christoph STILLER Grossherz. Mecklenb. Schwerin, Hofbuchhändler. Rostock und Schwerin im verlage des Verfassers 1830. in-octavo. pp. xvi et 192. Le catalogue de la bibliothèque et du musée des Loges réunies de Hambourg, contient 332 pages, grand in-octavo. Verzeichnis von den Büchern und Handschriften, Musikalien, Kupferstichen und Münzen der vereinigten Logen in Hamburg : Absalom, St-Georg, Emmanuel, Ferdinanda Carolina und Ferdinand zum Felfen 1818 Nur für Logen und Brüder. Gedruckt bey dem Br. J. G. Langhoff. Hambourg. pp. viii et 332. grand in-octavo. Que l'on ajoute à ces nombreux ouvrages sur la Maçonnerie ceux qui ont paru en France, dans la Grande-

a

protégée et honorée dans les Iles-Britanniques, dès l'an 287 de l'ère vulgaire, où elle aurait été introduite par *Albanus,* connu sous le nom de *St-Alban* (1er martyr de l'Angleterre), se serait réfugiée, en 1150, en Écosse, dans le village de Killwinning, devenu célèbre par la tour et la superbe abbaye qui y furent construites dans le XIIe siècle, et depuis, par tous ces beaux monuments, aujourd'hui en ruine, que l'on y admire encore.

Cette année est, selon quelques historiens, l'époque de la fondation de la Grande L∴ de Killwinning.

Les souverains de ce pays, affiliés à l'Ordre, ne cessèrent de l'honorer d'une protection toute particulière.

Après la bataille de *Bannockburn, Robert Bruce,* roi d'Écosse, sous le nom de Robert Ier, institua, le 24 juin 1314, l'ordre de *St-André du Chardon,* auquel fut uni depuis celui de Heredom (H-D-M), en faveur des Maçons écosssais qui faisaient partie des trente mille hommes, avec lesquels il avait battu une armée de cent mille Anglais. Il s'est réservé à perpétuité, pour lui et ses successeurs, le titre de Gr∴ Maître.

Vers cette époque, il fonda la Grande Loge Royale de H-D-M, à Killwinning, et mourut, comblé de gloire et d'honneurs, le 3 juillet 1329.

Bretagne, ce berceau de l'Art Royal; en Amérique; dans les contrées septentrionales de l'Europe, comme en Danemark, en Suède, ou la faveur de la maison régnante en a fait presqu'un ordre de l'État; et ceux que l'auteur des *Acta Latomorum* cite, au nombre de 414, dans sa bibliographie maçonnique, on aura une idée de la masse de matériaux qu'une ain habile pourrait mettre en œuvre.

Sous ses successeurs, la Maç∴ obtint de grands succès en Écosse; une série d'actes et de faits prouvent tout à la fois, sa grandeur et la haute considération qui l'environnaient.

Jacques VI la protégea particulièrement. On conserve dans le livre secret des sceaux d'Écosse, une lettre datée de *Holyrood-House*, du 25 septembre 1590, écrite de la main de ce prince, à l'occasion de l'emploi de surveillant (*the office of wardanrie*).

En 1600, la Grande Loge de Killwinning se réunit en assemblée de communication, et, en 1641, il y eut une réunion générale des Maçons d'Écosse dans la chapelle Ste-Marie, à Édimbourg [1]. Le grand chapitre métropolitain d'Édimbourg paraît avoir cette première assemblée pour origine.

Nous ne suivrons pas la Maç∴ Écossaise, dans ses époques de grandeur et de vicissitudes; comme toute institution humaine, elle a eu ses bons et ses mauvais jours; mais, plus les malheurs des temps et les bouleversements sociaux ont retardé ou arrêté sa marche progressive et son développement, plus la pureté de ses dogmes, la sagesse de ses lois, la douceur de sa morale inspirent de respect.

La Fr∴-Maç∴, introduite sur le continent, dans le dernier siècle, s'y établit sous des Rites différents, dont l'ensemble constitue l'Ordre.

---

[1] Ce fait est tiré des registres de la chapelle Ste-Marie, l'une des plus anciennes de l'Écosse. Malheureusement ils ne contiennent aucun renseignement historique sur l'état de la confraternité, mais on y trouve des procès-verbaux particuliers et la liste générale des membres de l'association.

Le Rit Écossais s'y montra avec splendeur; en 5754, il se composait de 25 degrés dont le 25ᵉ était celui de Subl.·. Princ.·. Royal Secret.

En 1758, le Chapitre des empereurs d'Or.·. et d'Occid.·., Gr.·. Surv.·. et Officiers de la Gr.·. L.·. de St-Jean de Jérusalem, dirigeait ce Rit; ces 25 degrés furent adoptés par la Mère L.·. aux trois globes, à Berlin, et par beaucoup de LL.·. d'Allemagne.

En 1759, un conseil de *Prince Royal Secret* fut établi à Bordeaux.

En 1761, le Chapitre des Empereurs d'Or.·. et d'Occid.·. donna à un de ses membres, partant pour l'Amérique, les pouvoirs les plus étendus afin d'y propager la haute Maç.·. dans tous ses grades, et le Rit anc.·. et accepté se répandit bientôt dans les États-Unis de l'Amérique.

En 5762, le 21ᵉ j.·. du 7ᵉ m.·., des commissaires de divers Orients, munis de pouvoirs *ad hoc,* « pé- » nétrés de la nécessité de perpétuer les bonnes » maximes de l'Écossisme, de le préserver des abus, » qui pourraient s'y introduire par la dépravation » des siècles, et de les maintenir dans cet état de » justice et de perfection transmis d'âge en âge sur » les deux hémisphères, » arrêtèrent un corps de lois et de doctrines Maç.·. connues sous ce titre : « *Réglements et Constitutions faits par les neuf* » *commissaires nommés par le Gr.·. Cons.·. de* » *Subl.·. Chev.·. du Royal Secret et P.·. de la* » *Maç.·.* »

Ces constitutions avec celles données par le Grand FRÉDÉRIC de Prusse, en 1786, forment les Grandes Constitutions du Rit.

A cette époque de 1762, le Rit Écossais ancien et accepté n'était composé, comme en 1754, que de 25 degrés dont voici la nomenclature :

1. Apprenti.
2. Compagnon.
3. Maître Secret.
4. Maître Parfait.
5. Secrétaire Intime.
7. Prévôt et Juge.
8. Intendant des bâtiments.
9. Maître Élu des neuf.
10. Maître Élu des quinze.
11. Sublime Chevalier Élu.
12. Grand-Maître Architecte.
13. Chev∴ de Royale-Arche.
14. Ancien M∴ parfait Grand Élu.
15. Chev∴ d'Or∴ ou de l'Épée.
16. Prince de Jérusalem.
17. Chev∴ d'Or∴ et d'Occid∴
18. Souv∴ Prince Rose-Croix.
19. Gr∴ Pontife ou Maître *ad vitam*.
20. Gr∴ Patriarche *ad vitam*.
21. Gr∴ Maît∴ de la Clé de la Maçonnerie.
22. Prince du Liban, Chev∴ Royale-Hache.
23. Souv∴ Pr∴ Adepte, Chef du Gr∴ Consist∴
24. Ill∴ Chev∴ Commandeur, Chev∴ de l'Aigle Blanc et Noir.

25. Souv∴ Pr∴ de la Maçonnerie, Gr∴ Chev∴ Subl∴ Comm∴ du Royal Secret.

L'art. 2 de ces Constitutions maintint la hiérarchie du Rit en 25 degrés et les divisa en sept classes ; le dernier de ces 25 degrés gouvernait et commandait les 24 degrés antécédents. sans aucune exception.

Le même article fixa les distances, dont on ne pouvait s'écarter pour le passage d'un degré, à un degré supérieur.

Il fut établi par l'art. 3, un Souverain Conseil, composé de tous les présidents des Conseils particuliers, sous la présidence du Souverain des Souverains, Sa Majesté Frédéric II, roi de Prusse ; de son député général, ou de son représentant.

Plusieurs articles subséquents déterminèrent l'étendue des pouvoirs de ce Souverain Conseil, ainsi que ceux des Conseils particuliers, soit en France, soit dans les pays étrangers, et enfin le mode de correspondance avec chacun des Conseils particuliers.

Le considérant de ces statuts et réglements généraux portait principalement sur les degrés de Prince de Jérusalem, de Gr∴ Patriarche, de Noachite. de Chev∴ Royale-Arche, de Prince Adepte, et de Commandeur de l'Aigle Noir, qui ne devaient être communiqués qu'avec la plus grande circonspection aux Maç∴ élevés seulement aux degrés inférieurs à celui de Prince *de Jérusalem*, et qu'après s'être particulièrement assuré de leurs qualités civiles et Maç∴

Ces nouveaux statuts et réglements généraux, la

division en sept classes, des 25 degrés auxquels ils s'appliquaient, ont reçu la plus scrupuleuse exécution, sur les deux hemisphères jusqu'en 1786, époque à laquelle le Rit Écossais anc∴ et accepté fut élevé à 33 degrés.

Cette réforme a été consacrée dans les Constitutions arrêtées, en 18 articles, par S. M. Frédéric II, roi de Prusse, qui était le Souverain des Souverains du Rit Écossais anc∴ et accepté, héritier des Rois d'Écosse et d'Angleterre [1].

Le but principal de ces statuts, qui portent la date du 1er j∴ du 3e m∴ 5786, fut de consolider à toujours le Rit, en le mettant à l'abri des difficultés et des entraves que les temps peuvent amener; le moyen d'y parvenir, fut d'établir qu'il n'y aurait

---

[1] On a de ce monarque un édit du 16 juillet 1774, 35e année de son régne, par lequel il approuve, en termes énergiques, une convention faite par la Grande L∴ d'Allemagne, établie à Berlin, avec la Grande L∴ d'Angleterre.

« Nous lui accordons, dit-il, par les présentes lettres de protection, la
» liberté de se servir des droits qui lui ont été accordés, comme Grande
» L∴ d'Allemagne et des États soumis à notre sceptre ; ainsi que de tra-
» vailler et de s'appliquer librement, publiquement et sans aucun empê-
» chement, tant en notre résidence , que dans tous nos autres pays res-
» pectifs, selon les lois et statuts du *Respectable Ordre* des Francs-Maçons,
» à l'utilité et au bien-être de la Société. »

Il enjoint à tous les officiers militaires et civils, commandants et colléges, et particulièrement au gouvernement, ainsi qu'aux tribunaux, de *protéger efficacement*, A SA RÉQUISITION, *la Grande L∴ des Francs-Maçons d'Allemagne, et de ne point permettre qu'elle soit troublée ou incommodée de quelque manière que ce soit.*

Observateur belge, tom. Ier, pag. 265, du 3 mars 1815, rédigé par MM. Van Meenen, actuellement président de chambre à la cour de cassation , Barthélemy, ancien ministre de la justice, De Doncker, décédé, secrétaire-général du ministère de l'intérieur. et Delhougne, ancien membre du Congrès.

qu'un seul Sup.˙. Cons.˙., dans chaque état en Europe ; deux dans les États-Unis d'Amérique, un dans les îles anglaises d'Amérique, deux dans les îles françaises, et de fixer les règles suivant lesquelles un Conseil pourrait s'établir dans les États où il n'en existerait pas ; le Sup.˙. Cons.˙. est investi de toute la puissance dogmatique du Rit, avec indépendance et tolérance universelle.

Précédemment à cette réforme, en 1780, le Souv.˙. Cons.˙. des Empereurs d'Or.˙. et d'Occid.˙., prenant le titre de Sub.˙. Mère L.˙. Écossaise, avait publié une circulaire très intéressante pour le Rit.

Les nouvelles Constitutions du Gr.˙. Frédéric ne furent point introduites immédiatement en France, ni dans ce pays : les troubles civils et les guerres qui suivirent furent, sans doute, des obstacles, sur lesquels il est inutile de s'étendre. Apportées en France en 1804, par les membres du Sup.˙. Cons.˙. du 33ᵉ degré, établi dans l'île de St-Dominique, elles y furent reconnues, mises en vigueur et ponctuellement exécutées [1].

Le Sup.˙. Cons.˙. de France, organisé d'après ces nouveaux et derniers statuts, remit la dignité de T.˙. P.˙. Souv.˙. Gr.˙. Comm.˙. au prince CAMBACÉRÈS, archi-chancelier de l'Empire. Cette dignité lui fut offerte le 1ᵉʳ juillet 1806, et le 13 août suivant, il fut solennellement installé, en présence de nombreux et

---

[1] On peut consulter à ce sujet, une intéressante brochure, intitulée : *Abrégé historique de l'organisation des 33 degrés du Rit Écossais ancien et accepté*, etc. Paris, 1815, in-8°.

d'Ill∴ Maç∴ de tous les pays. Cette séance fut termi-
née par un banquet de 81 personnes, en commémora-
tion du plus haut nombre Myst∴ du Rit, et éclairé
de 33 lumières, faisant allusion à ses degrés. Une
médaille fut frappée pour perpétuer le souvenir de
cet événement [1].

[1] Cette médaille a été gravée et figure dans l'*Histoire de la Fondation
du Gr∴ Or∴ de France*, in-8°, Paris, 1812.

§ II.

LE RIT ÉCOSSAIS ANCIEN ET ACCEPTÉ EN BELGIQUE.

Les Chap∴ et LL∴ Écoss∴ de la Belgique, qui alors faisait partie de l'empire français, se trouvèrent nécessairement sous l'obédience du Sup∴ Cons∴ de France, et dûrent reconnaître sa suprême autorité.

Dans un pays comme le nôtre, où la vraie et pure Maçonnerie florissait depuis si long-temps ; où les hommes les plus qualifiés avaient toujours considéré comme un honneur, de se faire initier à ses mystères, où la noble phalange des Enfants de la Lumière, avait inscrit sur ses matricules le marquis de Gages, connu par l'aménité de son caractère et par ses vertus philantropiques[1], le dernier maréchal prince de Ligne, le prince Charles de Hesse, le prince de Gavre et ses deux fils, le duc d'Aremberg, le duc d'Ursel, le duc de Beaufort, le général marquis de Chasteler, son père, membre de l'Académie I. et R. des sciences et belles-lettres de Bruxelles; le marquis de Chasteler de Moulbaix; les marquis de Preudhomme d'Hailly et de Wemmel, le général comte de

---

[1] Le Tr∴ Ill∴ F∴ François Bonaventure Joseph Du Mont, marquis de Gages, fut nommé, en 1770, Gr∴ Mait∴ Prov∴ des Pays-Bas; il mourut à Mons, le 23 janvier 1787. Après son décès, le R∴ F∴ baron de Seckendorf gouverna, pendant quelque temps, la Maçonnerie belge, sous le titre de Président effectif.

Ferrari, célèbre par la carte qui porte son nom; le général comte de Rutant, les comtes de Lannoy, Van der Noot de Duras, de Grunne, d'Adhemar, d'Hohenzollern, d'Oultremont, d'Hinnisdael, de Thiennes de Lombise, qui depuis fut président de la première chambre des États-Généraux du royaume des Pays-Bas, de Lichtervelde, de Gand, de Saint-Remy, de Coloma de Lecuw, de Wonsheim, de Gages, de Cruquenbourg, de Pestre de Seneffe, de Lens, gouverneur de la Flandre orientale; les vicomtes d'Ottignies, de Vilain XIIII, de Colins de Ham, de Propper de Hun, de Walckiers; les barons Van der Linden d'Hooghvorst, Van der Haeghen, Snoy d'Oppuers, d'Aublux, de Genimi-Molay, de Roest d'Alckemaede, de Malingreau d'Hembyse, Van Volden de Lombeeck, de Charvet, de Cazier, de Beelen; le chevalier Du Val; MM. De Mann de Termeren, De Man d'Hoobruge, Obert de Quevy, Huysman de Belle, De Paepe de Wyneghem, De Condé, De La Roche, Charliers d'Hodomont, Pollart de Warnifosse, Grart de Florenpré, De Cossée de Maulde, De Moreau, Diericx, De Meester, D'Ysembart, chanoine de la cathédrale de Tournay, De Lattre, De Ressey, D'Autour, De Valeriola, De Beerenbroeck, De Sandberg, De Lederer, De Reuil, le colonel comte d'Argenteau d'Hochain, aujourd'hui archevêque de Tyr, etc. Des magistrats, des membres de la haute bourgeoisie, enfin des artistes distingués, tels qu'André Lens, le restaurateur de la peinture en Belgique, Cardon, graveur, Le Roy, sculpteur, etc., etc., etc.

Dans ce pays, disons-nous, la haute Maç.·. Écos.·. devait se créer un nouvel asile, y élever un édifice de haute science, et donner aux membres épars de l'Écossisme, un centre, une direction.

Ce fut en effet ce qui eut lieu par l'érection d'un Consistoire de Vaillants et Subl.·. Pr.·. du Royal Secret, 32e degré du Rit Écossais ancien et accepté, près le Souv.·. Chapitre de la Resp.·. L.·. des *Amis Philantropes;* des Constitutions furent *délivrées* le 2 octobre 1813, et le 5e j.·. 9e m.·., même année, ce Consistoire fut solennellement installé. Depuis et pendant l'organisation du royaume des Pays-Bas, il a paisiblement continué ses travaux. Le nouveau royaume constitué et reconnu, il s'agissait d'y établir une Sup.·. puissance de la Maç.·. Écossaise, indépendante de toute autre, comme le voulaient les statuts du Grand Frédéric.

Les membres du Consistoire ne perdirent point un seul instant pour doter le pays, d'une institution, sans laquelle ils devaient rester soumis hiérarchiquement à la puissance Maç.·. d'un pays désormais étranger [1].

---

[1] La nécessité d'établir dans le pays une Sup.·. autorité de la Maç.·. Écossaise, selon le Rit ancien et accepté, était telle, et l'urgence en était si bien démontrée, que plusieurs bons Maç.·., habitant les provinces septentrionales du royaume, instinctivement d'accord sur le principe avec leurs FF.·. du midi, dans l'ardeur d'une impatience bien légitime et bien honorable pour le Rit, crurent devoir former un Sup.·. Cons.·. militaire, dont le T.·. Ill.·. F.·., lieutenant-général DAINE, était le chef, en vertu de pouvoirs à lui précédemment conférés, et le duc de SAXE-WEIMAR, un des dignitaires. Ce Sup.·. Cons.·. s'est, peu de temps après sa formation, fondu dans le Sup.·. Cons.·. existant aujourd'hui.

Les événements de 1815, en refoulant sur le sol hospitalier de la Belgique, une foule d'hommes d'élite, de fonctionnaires éminents, de magistrats, de généraux, avaient fait suspendre momentanément les travaux du Sup.˙. Cons.˙. de France. Parmi ces victimes des réactions politiques, se trouvait, muni de pouvoirs suffisants, pour constituer un Sup.˙. Cons.˙., le T.˙. Ill.˙. F.˙. *Jean Pascal,* baron Rouyer[1], lieutenant-général, trésorier de la Légion-d'Honneur, membre du Sup.˙. Cons.˙. de France, qu'il avait quelquefois présidé. Cet Ill. Maç.˙., ce modèle des enfants de la Vraie Lumière, terminait à Bruxelles, loin de sa terre natale, une honorable et longue carrière, au milieu de nombreux amis, dont la fidélité a consolé ses derniers instants.

C'est à lui que fut adressée, le 15 janvier 5817, une demande de Constitution (*voir* l'appendice n° 1).

Voulant remplir le vœu de cette supplique, et, d'un autre côté, désirant travailler à l'intérêt de l'Ordre, en général, le F.˙. Rouyer a jugé qu'il convenait d'élever aux grades supérieurs, quelques Maçons très instruits, qui lui étaient particulièrement connus, et qu'il jugeait pouvoir s'adonner à l'étude des sciences, principes et réglements de la haute Maç.˙.

En vertu de ses pouvoirs et conformément au § III de l'art. 2 des Statuts généraux de 1786, il a d'abord élevé au 33ᵉ dégré le T.˙. Ill.˙. F.˙.

[1] Né à *Pézenas*, département de l'Hérault, le 1ᵉʳ mars 1759, décédé à Bruxelles, le 21 octobre 1819. Sa dépouille mortelle a été inhumée au grand cimetière hors la porte de Louvain.

Crassous (*Joseph-Augustin*);

Puis, conjointement avec ce F.·., le T.·. Ill.·. F.·.

Coppyn (*Pierre-Joseph*),

Et, tous trois ensemble et successivement, les TT.·. Ill.·. FF.·. :

Jacotot (*Joseph*),
Levasseur (*Réné*),
Ramel (*Dominique-Vincent*),
Prieur de la Marne (*Pierre-Louis*),
Terrade (*Jean-Baptiste*),
Harbaur (*François-Joseph*),
Michiels (*Jean-Louis*),
Galler (*Jean-Baptiste*),
Cirez (*Jean-Baptiste*),
Gérard (*Bernard*),
Forceille (*Jean*),
De Grégoire (*Philippe-Joseph*) [1].

Il choisit ensuite, parmi ces Ill.·. Maçons, son conseil particulier qu'il composa, *proprio motu,* ainsi qu'il suit :

Gr.·. Trésorier, le F.·. Coppyn,
Gr.·. secrétaire, le F.·. Jacotot,
Gr.·. Porte-Étendard, le F.·. Michiels,
Gr.·. Archiviste, le F.·. Levasseur,
Gr.·. Capitaine des Gardes, le F.·. Galler.

---

[1] Tous décédés, à l'exception de ce dernier, et successivement remplacés par les Ill.·. Maç.·. qui forment aujourd'hui le Sup.·. Cons.·.

Pour plus de régularité dans l'organisation du Sup∴ Conseil, il se déclara provisoirement Lieutenant du Gr∴ Commandeur, et choisit pour secrétaire de ses commandements le F∴ B. GÉRARD.

Le 1ᵉʳ février 5817, le F∴ ROUYER assembla chez lui les Souv∴ Gr∴ Insp∴ Généraux, A. CRASSOUS, J.-L. MICHIELS, J. JACOTOT, R. LEVASSEUR, J.-F. GALLER, J.-B. CIREZ, P.-J. COPPYN, B. GÉRARD et J. FORCEILLE, tous formant son conseil des neuf. Il prit d'eux tous les renseignements qui lui étaient nécessaires, soit pour leur organisation, soit pour l'édification de leur Temple, et pour les décorations, signes et emblêmes qui doivent y être adaptés.

Il ne s'en tint pas aux assurances qui lui furent données, il voulut encore voir par lui-même. Nous allons le laisser parler et agir :

« Pour mieux m'assurer de la régularité du tout, je les ai priés
» de me conduire dans le Temple, où m'étant transporté avec eux, et
» m'étant assuré que tout y était en règle, je leur ai demandé à voir
» également le lieu, qu'ils destinaient à leurs archives et à leur chancellerie, ce qu'ils m'ont fait voir aussitôt ; et m'étant convaincu par la
» nature et la construction du bâtiment, que le Grand Archiviste serait
» en mesure d'apporter la plus grande surveillance à la conservation et
» à la sûreté des pièces précieuses, qui devaient être déposées aux archives, j'ai applaudi à leur projet, en les exhortant de ne jamais se
» relâcher sur ce point important, et je leur ai fait sentir que les archives
» et la chancellerie étaient l'âme de leur établissement ; que c'était pour
» tous les FF∴ le vrai foyer des lumières, et le lieu principal où ils devaient aller le plus souvent qu'ils le pouvaient, pour se former de plus
» en plus dans l'art royal de la haute Maçonnerie ; ce qu'ils m'ont tous
» promis avec une égale ferveur.

» Je suis rentré dans le Temple avec eux, et après leur avoir témoigné
» toute ma satisfaction, des dispositions dans lesquelles je les trouvais
» et des heureux préparatifs qu'ils avaient faits, je leur ai annoncé que

» j'allais leur délivrer d'après mes pouvoirs, une patente constitution-
» nelle et que j'allais me procurer auprès des dépositaires des archives
» et des pièces de chancellerie du Conseil Sup.·. du 33ᵉ à l'Orient de
» Paris, les grandes Constitutions de l'Ordre ; que je les ferais transcrire
» sur le livre d'or, que je leur avais préparé, ainsi que la patente consti-
» tutionnelle; lesquelles deux pièces devaient être les pierres fondamen-
» tales de ces archives. »

Le 11ᵉ j.·. du 1ᵉʳ m.·. 5817 (11 mars 1817), le Sup.·. Conseil procéda à l'élection de ses Grands Officiers. Voici un extrait du tracé de cette tenue :

« T.·. Ill.·. FF.·., je touche au moment de vous prier d'accepter ma
» démission de la place de Lieut.·. du Gr.·. Com.·. à élire, que je m'étais
» réservée pour vous organiser définitivement. Mais aujourd'hui, con-
» vaincu par votre zèle et par vos lumières, que vous pouvez diriger vos
» travaux et donner l'exemple de toutes les vertus Maçonniques, à tous les
» FF.·. qui vous sont subordonnés dans le Rit ancien et accepté que vous
» allez régir ; bien que mon vœu soit déjà formé pour le T.·. Ill.·. F.·.
» qui doit me succéder, néanmoins dans la crainte de me tromper, soit
» encore pour donner à ce F.·., une marque certaine de votre confiance
» en lui, je crois expliquer son vœu particulier, en vous priant de pro-
» céder au scrutin pour la nomination à la place de Lieut.·. Gr.·. Com.·.,
» scrutin auquel je prendrai part moi-même. En conséquence je vous
» invite à y procéder de suite. »

Après cette allocution du F.·. ROUYER, le scrutin a été ouvert, et l'unanimité des suffrages désigna le T.·. Ill.·. F.·. CRASSOUS[1] pour la dignité de Lieutenant du G.·. Com.·.

Au même instant, le F.·. JACOTOT, Gr.·. Sec.·. du

---

[1] Vers cette époque, le F.·. BRAEMT, Souv.·. P.·. R.·. ✝.·. du Chap.·. de la Resp.·. L.·. des *Amis Philantropes*, célèbre graveur de notre pays, fit frapper une médaille représentant, d'un côté, l'effigie du F.·. JOSEPH-AUGUSTIN CRASSOUS, et, de l'autre, une couronne de laurier, au milieu de laquelle on lit : JURIST : LEGIST : M.·. (*Module 22 millièmes.*)

St-Empire, dans l'élan d'admiration que lui inspirait le bel exemple donné par le F.·. Crassous, demanda que la nomination eût lieu au scrutin, pour les fonctions de Secr.·. Général du St-Empire; le F.·. Levasseur, Archiviste, fit la même demande pour celles de Gr.·. Archiviste. Le F.·. Crassous dit :

« Je ne puis qu'admirer la délicatesse des FF.·. Jacotot et Levasseur;
» mais il est impossible d'assimiler leur position à la mienne. Rien ne
» pouvait annoncer ma nomination que les témoignages particuliers que
» le Gr.·. Com.·. et le Conseil Sup.·. se sont plu à me prodiguer jus-
» qu'ici; tandis que ces FF.·. au contraire sont pourvus d'une nomination
» faite et signée par notre Lieut.·. Gr.·. Com.·. et fondateur, qui en a le droit
» incontestable, et au besoin cette nomination serait déjà approuvée plu-
» sieurs fois par le Conseil Sup.·. qui les a reconnus pour tels dans toutes
» ses délibérations; mais pour rendre un hommage plus éclatant à la dé-
» licatesse de ces FF.·., ainsi que des autres dignitaires déjà nommés et
» à notre grande satisfaction, par notre Lieut.·. Gr.·. Com.·., je propose
» de voter leur confirmation par acclamation. »

Il avait à peine terminé, que tous les Membres du Conseil, debout, à l'ordre et le glaive en main, confirmèrent par de vives acclamations tous les Offi-ciers Dignitaires du Sup.·. Cons.·. dans leurs fonc-tions respectives.

Ensuite le F.·. Ramel fut nommé, à l'unanimité, Gr.·. Maître des Cérémonies, *pro tempore*, et le F.·. Michiels Porte-Étendard, *ad vitam*.

Tous les FF.·. s'étant remis à leur place, le Lieute-nant Gr.·. C.·. a parlé en ces termes :

« TT.·. Ill.·. FF.·., je suis pénétré de la plus vive reconnaissance, en
» recevant le témoignage d'estime et d'amitié, que vous venez de me

» donner en confirmant d'une manière si flatteuse le choix que j'avais
» fait de vos Officiers Dignitaires. Je ne vous parlerai pas de mes droits,
» je n'en avais usé que d'après votre indication et par la connaissance
» particulière, que j'avais acquise des talents et de l'aptitude de ces FF.·.
» que je croyais, et que je crois encore vous être nécessaires. Votre ma-
» nière de voter me prouve que vous avez acquis la même conviction; je
» vous remercie en mon particulier et je vous déclare que si je me
» permets de vous annoncer que de concert avec vous, je confirme leur
» choix *ad vitam*, c'est plutôt pour apporter la plus grande régularité
» dans nos travaux, que pour ajouter, ce qui serait impossible, aux témoi-
» gnages d'estime dont vous venez de les combler. Il ne me reste plus
» qu'à vous annoncer que le 16 de ce mois (1ᵉʳ m.·. 5817), midi précis,
» l'installation et l'intronisation du Lieut.·. Gr.·. Com.·. seront célébrées. »

Le lendemain de cette séance mémorable, 12ᵉ j.·.
du 1ᵉʳ m.·., la Patente Constitutionnelle du Sup.·.
Conseil fut signée par le T.·. Ill.·. F.·. Rouyer. Cette
pièce monumentale qui repose dans une caisse en fer
fermée à trois clés, se trouve à l'appendice, sous le
nᵒ 2.

Le jour fixé pour l'auguste cérémonie de l'inauguration du Sup.·. Cons.·. et de l'installation du Lieutenant Gr.·. C.·. étant arrivé, elle fut accomplie avec
la pompe et la splendeur prescrites par le rituel. Le
tracé réproduit à l'appendice, sous le nᵒ 3, en a
conservé le souvenir.

Par une planche du 20ᵉ j.·. du 2ᵉ m.·. 5817
(20 avril 1817), le Sup.·. Conseil fit connaître aux
LL.·. et Chap.·. du royaume, son existence constitutionnelle et ses vœux pour entretenir avec les
Maç.·. de tous les Rites, les liens de la plus intime
fraternité, dans la pratique des hauts grades et
sciences Maç.·. dont il était le centre.

Pareille communication fut faite le 15e j.·. du 3e m.·., même année, à S. A. R. le prince Frédéric, que la Gr.·. L.·. Nationale, à l'Orient de La Haye, venait de choisir pour son Gr.·. Maît.·.

Des résultats aussi heureux, destinés à occuper une grande page dans les annales de l'Art Royal, ne pouvaient rester renfermés dans les archives du Sup.·. Conseil ; il fallait en conserver le souvenir d'une manière sûre et durable par un de ces monuments que le burin seul transmet à la postérité.

Il fut donc décidé, le 16e j.·. du 3e m.·. 5817, qu'une médaille conserverait tout à la fois le souvenir de la fondation du Sup.·. Conseil, et la reconnaissance de ses Membres pour son fondateur le T.·. Ill.·. F.·. Rouyer, et le T.·. Ill.·. F.·. Thory [1], Gr.·. Trés.·. du Sup.·. Conseil de France, qui avait transmis tous les documents nécessaires, pour la cérémonie de l'inauguration [2].

Diverses mesures d'ordre et d'administration furent successivement arrêtées jusqu'à ce qu'un réglement général fût élaboré.

Le 12e j.·. du 10e m.·. 5818, ce réglement a été définitivement arrêté.

Le Sup.·. Cons.·. a près de lui :

Un Consistoire particulier du 32e degré ;

---

[1] Auteur des *Acta Latomorum*, et de l'*Histoire de la fondation du r.·. Or.·. de France.*

[2] Malgré toutes nos recherches, nous n'avons pu trouver un seul exemplaire de cette médaille, qu'il nous eût été si agréable de reproduire ici.

Un Tribunal des Gr∴ Com∴, Inquisiteurs, 31e degré ;

Un Aréopage des Chevaliers Kadosch, 30e dégré ;

Une Grande L∴ de St.-André, Patriarche des Croisades, 29e degré ;

Une Cour des Commandeurs du Temple, 27e degré ;

Un Collége de Royal-Hache, 22e degré ;

Un Chap∴ de R∴ ✝∴, 18e degré ;

Un Chap∴ de G∴ Écossais, 14e degré ;

Un Conseil d'Élus ;

La Resp∴ L∴ des *Amis Philantropes.*

Chacun des corps ci-dessus prend le n° 1 sur le tableau des corps du même degré.

Depuis sa fondation le Suprême Conseil a créé :

Un Consistoire particulier du 32e degré, Subl∴ Prince de Royal Secret, en la Vall∴ de Tournai, sous le titre des *FF∴ Réunis ;*

Un Aréopage du 30e degré, à la Vall∴ de Mons ;

Une Gr∴ L∴ de St-André, 29e degré, Vall∴ de Louvain ;

Un Collége de Royal-Hache, 22e degré, Vall∴ de Malines.

CHAP∴ DU 18e DEGRÉ :

Les Amis Réunis, Vall∴ de Nimègue ;

Les Vaillants Chevaliers de l'âge d'Or, près de *la Persévérance,* Vall∴ d'Anvers ;

La Constance, Vall∴ de Louvain ;

La Régénération, Vall.·. de Malines ;

Les Amis du Progrès, Vall.·. de Bruxelles;

La Fidélité, Vall.·. de Gand ;

Les Amis de l'Ordre (Chap.·. mil.·.), Vall.·. de Bruxelles;

La Parfaite Union, Vall.·. de Mons;

L'Union militaire, Vall.·. du camp de Beverloo;

L'Avenir et l'Industrie réunis, Vall.·. de Charleroi ;

Et admis à cumuler le Rit Écoss.·. anc.·. et acc.·. ou créé dans ce Rit, les LL.·. symbol.·. auxquelles sont unis les Chap.·. ci-dessus; plus la *Resp.·. L.·. des FF.·. Réunis* à l'Orient de la 3ᵉ div.·. de l'armée.

La direction du Sup.·. Cons.·. fut successivement confiée aux Ill.·. FF.·. Rouyer, Crassous, Ramel et Stevens, comme Lieutenants Gr.·. Com.·.

La dignité de Gr.·. Com.·. était restée vacante depuis l'organisation du Sup.·. Cons.·.; mais dans les dernières années des instances réitérées avaient été vainement renouvelées auprès du T.·. Ill.·. F.·. Stevens; par éloignement pour tout ce qui tient à la représentation, il avait toujours cru devoir la refuser. Cependant les Membres du Sup.·. Cons.·. convaincus que la dignité de l'Ordre souffrirait de l'absence trop prolongée d'une autorité instituée par les chartes et constitutions, pour donner au Rit la prépondérance et la splendeur, dont il est susceptible, firent de nouvelles et pressantes démarches auprès de celui que les Maçons Écossais reconnaissaient pour leur chef, depuis la mort du T.·. Ill.·. F.·. Ramel, survenue le 31 mars 1829 [1].

Dans une séance solennelle et extraordinaire du 16e j.·. du 12e m.·. 5839 (16 février 1840), le T.·. Ill.·. F.·. Stevens fut élu, à l'unanimité, *Gr.·. Com.·. Gr.·. M.·. du Rit Éc.·. anc.·. et accepté.* Dans la même séance, la dignité de *Lieutenant du Gr.·. Com.·.* fut conférée, à l'unanimité des suffrages, au T.·. Ill.·. F.·. Cattoir, et celle de *Ministre d'État Gr.·. Orateur, Procureur Général de l'Or-*

---

[1] Son enveloppe matérielle a été inhumée au cimetière de la chapelle du Sablon et des Minimes, à St-Gilles, où on lit sur une simple pierre :

Ci git D. V. (*Dominique-Vincent*) RAMEL,
né a Montalieu, département de l'Aube,
en 1760, mort en exil a Bruxelles,
le 31 mars 1829.

Sa vie entière fut consacrée à l'exercice
Des vertus qui font honorer le citoyen
Et chérir l'homme privé.
Les regrets du pauvre et de tous
Ceux qui connurent cet homme de bien
Font le plus bel éloge de son caractère
Éminemment philantropique.
Sa veuve et ses deux filles inconsolables
Ont consacré à sa mémoire cette simple
Pierre, afin de pouvoir déposer sur
Les restes de cet être chéri, les larmes
D'une douleur aussi profonde que légitime.
Repose en paix, homme juste et bon.

Le 30e j.·. du 3e mois 5829 (30 mai 1829), une fête funèbre fut célébrée en son honneur, au sein de la Resp.·. L.·. des Amis Philantropes, Mère-L.·. du Rit. Tous les Membres du Sup.·. Cons.·. y assistèrent. Plusieurs discours, consacrés à retracer le mérite, les vertus et les belles actions de l'Ill.·. défunt, furent prononcés, et des stances du T.·. Ill.·. F.·. Defrenne, mises en musique par le T.·. Ill.·. F.·. Hanssens, furent chantées au milieu du recueillement le plus religieux.

Au dire des nombreux Maçons qui ont gardé souvenir de cette journée, jamais hommages funèbres ne furent rendus avec plus de pompe.

dre, au T.·. Ill.·. F.·. Defrenne, président *ad vitam* du Consistoire du 32ᵉ degré, Subl.·. Pr.·. de Royal Secret [1].

L'intronisation du T.·. Puiss.·. Souv.·. Gr.·. Comm.·. G.·. M.·. et l'installation des autres officiers dignitaires du Sup.·. Cons.·. eut lieu le 17ᵉ j.·. de la lune de *Veadar*, 21ᵉ j.·. du 1ᵉʳ m.·. sol.·. 5840 (21 mars 1840), en présence d'Illustres et nombreux Maç.·.

On remarquait à la cérémonie et au banquet qui la suivit, le Sér.·. F.·. baron De Stassart, Gr.·. M.·. du Gr.·. Or.·. de Belgique, Membre honoraire du Sup.·. Cons.·. —Sa présence témoignait de l'union intime des Rites, dans ces contrées.

Le T.·. Ill.·. F.·. Walter, père, Gr.·. M.·. du Rit Écossais primitif, dans ce royaume, Membre honoraire du Sup.·. Cons.·., qu'une maladie grave retenait chez lui, a fait témoigner de ses vifs regrets de ne pouvoir prendre part à la solennité.

Le tracé de cette tenue, à jamais mémorable, a été imprimé et envoyé aux Sup.·. Cons.·. confédérés, au Gr.·. Or.·. de Belgique, et à toutes les LL.·. de l'obédience du Sup.·. Cons.·.

---

[1] Ce choix fut accueilli par la Gr.·. Famille Écossaise, avec une véritable joie. Personne, en effet, n'est plus digne que le T.·. Ill. F.·. Defrenne, d'occuper ces hautes fonctions, dont le devoir est de rappeler constamment au maintien de l'indépendance du Rit, et de veiller à la stricte exécution des statuts et réglements généraux de l'Ordre. Savant, poète, orateur, zélé, infatigable, guidé dans tous ses actes par cet ardent amour du bien, cet esprit de justice et d'abnégation et le plus pur désinéressement, le F.·. Defrenne honore l'ordre autant que le Sup.·. Cons.·. et les Maç.·. Écos.·. attachent de prix à sa coopération.

Le Rit Écossais ancien et accepté, le plus répandu sans contredit, de tous les Rites Maç∴, a jeté de profondes racines en Belgique; il s'y est développé, en peu d'années, d'une manière admirable; presque persécuté sous l'ancien gouvernement, non en raison de ses doctrines, ou de ses tendances, mais parce que ses adeptes avaient su résister avec calme et dignité à la réforme tentée par S. A. R. le PRINCE FRÉDÉRIC, il est sorti victorieux d'une lutte qu'il n'avait point provoquée.

Les événements politiques de 1830 n'arrêtèrent point un seul instant ses travaux. En 1834, alors que le pays n'avait point encore d'alliés sincères, le Sup∴ Cons∴ eut la gloire de contracter des alliances et de rattacher ainsi, d'une manière plus étroite, plus intime, la Maç∴ Écossaise de la Belgique, à la grande chaîne dont elle ne forme qu'un anneau.

Pour être reçus à bras ouverts dans l'univers Maç∴, pour étendre sans difficultés nos relations sur les deux hémisphères, nous n'avions qu'une condition à accomplir : c'était de prouver que l'intégrité de la foi Maç∴, la conservation des dogmes, le respect pour tous les Rites, étaient la première loi du Sup∴ Cons∴ — Nous y sommes parvenus sans efforts. Aujourd'hui le Maç∴ Belge du régime Écossais est assuré de trouver accueil frat∴ et protection spéciale partout, où se trouvent des établissements Maç∴ du Rit; désormais plus d'isolement pour lui : sur les bords de la Seine, comme aux rives de l'Escaut; dans la patrie de Washington, dans l'empire du Brésil, sur la longue chaîne des Cordillières, comme dans les îles françaises et anglaises, il est sûr de trouver appui, amitié et dévouement ; partout, sur le vu de son titre, les bras lui sont tendus, les portes des Temples s'ouvrent et les difficultés de créer des relations, dans le monde profane, disparaissent devant la preuve qu'il appartient à la Grande Famille confédérée, sous les auspices des ducs de Choiseul et Decazes, des Lafayette, et d'autres illustres personnages, signataires du pacte d'alliance.

Un traité d'Union, d'Alliance et de Confédération conclu à Paris, le 26 février 1834, entre les Sup.·. Cons.·. de *France*, de *Belgique*, du *Brésil* et de l'*Hémisphère occidental*, séant à New-Yorck, consacre ces principes et ces obligations réciproques.

APPENDICE N° 1.

Sup.·. Cap.·. Philant.·. in Ori.·. Brux.·.

ORDO AB CHAO.

(Sous le Zénith de la voûte céleste, répondant au 50° degré, 51 min.·. latitude Nord.)

Le Conseil particulier des Subl.·. PP.·. Royal Secret, 32° degré, des Amis Philantropes, *Or.·. de Bruxelles,*

AU

T.·. Ill.·.F.·. ROUYER, *Très Puissant Souverain, Gr.·. Inspecteur Gén.·. du Sup.·. Conseil du 33° et dernier degré du Rit Écossais, ancien et accepté, en France.*

T.·. ILL.·. ET T.·. R.·. F.·.,

Le Sup.·. Cons.·. de France par ses chartres constitutionnelles délivrées le 2° jour du 8° mois 5813 (2 octobre 1813), a constitué le conseil particulier des *Amis Philantropes*, dont l'installation a eu lieu le 5 novembre suivant, et depuis cette époque, à travers les circonstances difficiles, nous nous sommes maintenus en activité de travaux et n'avons rien négligé pour conserver le Rit dans sa pureté et son intégrité; mais les traités politiques des puissances ayant formé le royaume séparé des Pays-Bas, notre Rit doit jouir de l'avantage d'être gouverné dans son sein, par un Sup.·. Cons.·. du 33° degré, conformément aux Constitutions, statuts et réglements généraux, arrêté au Gr.·. Cons.·. de Berlin, le 1er mai 1786, en présence du Souverain Gr.·. Commandeur Frédéric II, roi de Prusse.

Pour former un Cons.·. Sup.·. d'une manière constitutionnelle et stable; pour le mettre à même de se diriger dans la ligne exacte des réglements généraux, et de propager la sublime science, nous ne pouvons recourir immédiatement au Sup.·. Cons.·. de France; nous savons d'après des informations positives qu'il a suspendu ses travaux; mais nous regardons, T.·. Ill.·. F.·., votre présence dans cet Orient comme un bienfait inestimable de la Providence; vous êtes revêtu des pouvoirs nécessaires pour représenter le Sup.·. Cons.·. de la France que vous avez quelquefois présidé par commission du Gr.·. Commandeur ou du Conseil Général luimême, pour conférer le 33° degré aux membres qui en sont dignes et pour les constituer en Sup.·. Cons.·. pour le royaume des Pays-Bas.

Vous nous avez manifesté toute votre bienveillance pour nous aider de vos conseils et de votre puissante assistance.

Nous nous adressons donc à vous, T.˙. Ill.˙. et T.˙. R.˙. F.˙., avec la plus grande confiance, et vous supplions de venir dans notre sein, examiner nos travaux, l'instruction de chacun de nos membres, et juger s'ils sont dignes d'être promus au 33ᵉ et dernier degré; et ensuite, si le résultat de votre examen est tel que vous devez le désirer, élever ceux qui en paraîtront susceptibles au 33ᵉ degré et constituer un Sup.˙. Cons.˙. avec toutes les attributions et tous les pouvoirs qu'il sera possible de lui conférer.

Nous vous prions d'indiquer les jour et heure auxquels ces opérations importantes pourront se faire; nous recevrons avec reconnaissance parmi nous les membres revêtus des grades compétents que vous croirez propres à favoriser la propagation des lumières et dignes d'y coopérer.

Agréez, T.˙. Ill.˙. F.˙., les témoignages de regrets et de reconnaissance dont nous sommes pénétrés et nos saluts F.˙. P.˙. L.˙. N.˙. M.˙.

Or.˙. de Bruxelles, ce 15 janvier 5817.

Signés, CRASSOUS, A.   MICHIELS, V.-L.
         CIREZ, J.-B.   DE GRÉGOIRE.
         COPPYN, P.-J.   FORCEILLE.

APPENDICE N° 2.

*Copie de la Patente Constitutionnelle du Suprême Conseil,
à l'Orient de Bruxelles.*

UNIVERSI TERRARUM ORBIS ARCHITECTORIS AD INGENTIS GLORIAM.

ORDO AB CHAO.

Nous Jean-Pascal ROUYER, ancien officier-général français, décoré de plusieurs Ordres, Souverain Grand Inspecteur-Général, membre du Suprême Conseil du 33ᵉ degré, du Rit ancien et accepté, admis à ce titre, dans le Suprême Conseil de France, par patente en date, à l'Orient de Paris, du 24ᵉ jour, du 4ᵉ mois, anno lucis 5811 [1];

Vu la supplique à nous présentée, par les Très Illustres FF∴ Grassous, Coppyn, Michiels, De Grégoire, Forceille, Cirez, Jacotot, Levasseur, Harbaur, Galler et Bernard Gérard; tous résidant à Bruxelles, et tous élevés par notre autorité, en vertu des pouvoirs résultant de notre patente susdite, à la haute dignité de Souverains Grands Inspecteurs-Généraux de l'ancienne Franche-Maçonnerie, pour les États et possessions d'outre mer, de notre très cher et bien aimé souverain Sa Majesté le roi des Pays-Bas ;

La dite supplique tendante à ce qu'il nous plût ériger dans la ville de Bruxelles, un Suprême Conseil de Grands Inspecteurs-Généraux du 33ᵉ et dernier degré, du Rit ancien et accepté, pour la direction des Loges, Chapitres, Consistoires, Grands Conseils, Conseils et tribunaux, dans les États et possessions de Sa Majesté le roi des Pays-Bas ;

Sur quoi, après avoir mûrement réfléchi à la demande des impétrants ;

Considérant, qu'il n'existe dans les États et possessions de Sa Majesté le roi des Pays-Bas, aucun corps Maçonnique, qui puisse régir la Franche-Maçonnerie du Rit ancien et accepté, dans ses Chapitres, Conseils, Tribunaux et Consistoires; qu'un établissement de ce genre est d'autant plus urgent, que le Rit est livré à l'arbitraire des novateurs, et à l'avidité des mauvais Maçons, ce qui est nuisible aux intérêts, comme à la dignité du Rit ancien et accepté ;

Que dans une circonstance aussi impérieuse, il est de notre devoir comme Grand Inspecteur-Général, d'user de notre autorité Maçonnique, et d'arrêter les abus qui pourraient s'introduire ; que le seul moyen, propre

---

[1] La patente originale de cet Ill∴ Maç∴, signée par les hauts dignitaires de l'empire français, est annexée à la présente et repose avec elle dans la caisse du Cons∴ Sup∴

à atteindre ce but, est, selon nos lumières, de déférer à la supplique des impétrants ;

En conséquence, après avoir pris dans une correspondance active, l'avis de nos collègues égaux, ou supérieurs de l'Ordre, dans les royaumes et États de l'Europe où il s'en trouve de légalement établis, exprimant nos regrets de n'avoir pu consulter des corps en activité de travaux, attendu que tous ont fermé leur Temple en Europe, ne pouvant reconnaître comme tels, ceux qui se sont établis ou pourraient s'établir de leur autorité, les considérant au contraire, comme ne pouvant agir que sans autorité et sans connaissances préalables, renouvelant même en tant que besoin, les protestations que nous et nos collègues avons faites et consignées sur nos registres, contre des opérations de ce genre;

Enfin, plein de confiance dans le patriotisme et le zèle éclairé qui dirigent les impétrants, et surtout rassuré par le serment de fidélité, et d'un dévouement absolu, qu'ils ont prêté dans le Temple, chacun, et individuellement, à Sa Majesté le roi des Pays-Bas, et par la promesse la plus solennelle qu'ils ont faite d'obéir sans restriction, aux lois de l'État, et d'en donner l'exemple, et suffisamment autorisé par les pouvoirs que donnent les Grandes Constitutions, à tout député Grand Inspecteur-Général, habitant un royaume dans lequel il n'existe aucun Grand Conseil du 33ᵉ degré,

Avons décrété et décrétons ce qui suit :

Art. 1ᵉʳ. Nous érigeons à perpétuité un Suprême Conseil des Grands Inspecteurs-Généraux du 33ᵉ et dernier degré, du Rit ancien et accepté, pour gouverner, régir, et administrer la Franche-Maçonnerie du Rit ancien et accepté, dans les États et possessions de toute nature de Sa Majesté le roi des Pays-Bas, lequel Conseil aura son siége dans la ville de Bruxelles.

Art. 2. Le Suprême Conseil, qui prendra le titre de Suprême Conseil du royaume des Pays-Bas, sera composé de dix-neuf Souverains Grands Inspecteurs-Généraux du 33ᵉ degré; il pourra y avoir un tiers en sus d'Inspecteurs-Généraux Honoraires, ainsi qu'un Grand Commandeur, et un Lieutenant Grand Commandeur Honoraire. Le dit Conseil sera régi par les Officiers qui rempliront les fonctions dont la dénomination suit : un Grand Commandeur, un Lieutenant du Grand Commandeur, un Grand Trésorier du St-Empire, un Grand Secrétaire du St-Empire, un Grand Archiviste-Général, qui, de droit, et au besoin tient la plume pour le Grand Secrétaire, un Grand Maître des Cérémonies, et un Grand Capitaine des Gardes, et un Porte-Drapeau ou Étendard. Ces officiers seront à vie.

Art. 3. Le Suprême Conseil prendra rang à compter du jour de la supplique que les Très Illustres FF.·. déjà nommés, nous ont présentée, et dès son enregistrement sur nos registres ; il s'assemblera dans le plus bref délai, pour renouveler en nos mains, individuellement et collectivement, serment de fidélité à Sa Majesté le roi des Pays-Bas, et aux

Grandes Constitutions de l'Ordre, telles qu'elles sont mentionnées et relatées dans les différents articles de la présente Patente Const.·.; acte sera dressé du dit serment.

Art. 4. Nous déclarons nous dessaisir entre les mains du Suprême Conseil du 33° degré, du royaume des Pays-Bas, sans aucune espèce de réserve de tous les droits et priviléges qui nous appartiennent en notre qualité de Grand Inspecteur-Général du Rit ancien et accepté, et qui résultent des Grandes Constitutions de l'Ordre, abandonnant volontiers, et avec confiance, tous nos droits tant aux Très Illustres FF.·. Grands Inspecteurs-Généraux impétrants qu'à ceux qui ont été reçus jusqu'à ce jour.

Art. 5. Copies des présentes lettres patentes seront déposées par nou s, partout où besoin sera ; elles seront transcrites sur les livres d'Architecture du Suprême Conseil, et communiquées à qui de droit.

Art. 6. Le Suprême Conseil est autorisé à faire tous réglements généraux et particuliers organiques, nécessaires pour l'exécution des présentes, sans pouvoir cependant établir d'autre Suprême Conseil du 33° et dernier degré du Rit ancien et accepté, dans les États et possessions de Sa Majesté le roi des Pays-Bas, voulant expressément qu'il n'en existe qu'un seul, dont le siége sera à Bruxelles, lequel pourra déléguer une partie de ses pouvoirs à des Conseils particuliers du 32° degré, qu'il sera libre d'établir dans tous les lieux où il le jugera convenable, le tout conformément aux Grandes Constitutions.

Art. 7. Le Conseil Suprême n'oubliera jamais, qu'il doit le premier donner l'exemple de la soumission aux lois de l'État, de la fidélité au roi, et qu'il ne doit jamais permettre, ni même tolérer, que dans aucun Chapitre, Loge, Conseil, Grand Conseil ou Tribunaux de sa juridiction, on s'occupe, soit d'affaires politiques, soit d'affaires religieuses.

Art. 8. Quant aux autres pouvoirs, autorisations et garanties, ces présentes serviront de titres suffisants aux impétrants, et pour que foi y soit ajoutée, nous les avons signées de notre main, et fait contre-signer par le Secrétaire de nos Commandements, sceller des grands sceaux de l'Ordre, et du sceau de nos armes particulières.

Donné à l'Orient de Bruxelles l'an de la grande lumière, 5817, et le 12° jour du 1er mois.

Signé, P. ROUYER, 33°.

Par le Souverain Grand Inspecteur-Général, Jean-Pascal Rouyer.

Le Secrétaire des Commandements,
Signé, GÉRARD.

APPENDICE N° 3.

SÉANCE DU 16e J∴ DU 1er M∴ 5817.

ORDO AB CHAO.

De l'Or∴ du Gr∴ et Sup∴ Cons∴ des T∴ Puiss∴ Souv∴ Gr∴ Insp∴ Gén∴ à Bruxelles, sous la présidence du T∴ Ill∴ F∴ Rouyer, lieutenant du Gr∴ Commandeur à élire, le T∴ Ill∴ F∴ Ramel, occupant le second tróne, *pro temporo*.

Présents les T∴ Ill∴ FF∴ Rouyer, Crassous, Levasseur, Michiels, Galler, Cirez, Coppyn, Gérard, Forceille, De Grégoire, Malaise, Harbaur, Ramel et Jacotot.

Les travaux ont été ouverts en la forme ordinaire. Lecture faite de la dernière colonne, elle est approuvée. Aussitôt le Souv∴ Lieut∴ Gr∴ Commandeur a dit :

« T∴ Ill∴ FF∴, je vais vous installer définitivement; c'est aujourd'hui que je me démets également et de ma propre volonté de tous mes pouvoirs en faveur du Cons∴ Sup∴, sans aucune réserve que l'amitié et le dévouement que je lui porterai toute ma vie dans mon cœur. Il a été bien doux pour moi de m'être convaincu à votre dernière séance par le vote unanime du conseil en faveur du T∴ Ill∴ F∴ Crassous, que mon vœu particulier s'accordait avec tous les cœurs, et que tout se réunissait pour ouvrir la carrière de la confiance à mon Ill∴ successeur. Je ne continuerai mes fonctions que pour procéder à son intronisation, en suivant les formes voulues par nos réglements, trop heureux de pouvoir déposer en de si dignes mains la direction de vos travaux. Je vous déclare seulement que je fais la réserve de tous mes pouvoirs pour accorder certaines dispenses et faveur d'avancement pour des FF∴ du premier mérite que des occupations importantes ont empêché jusqu'ici d'avoir part à nos travaux. Ces FF∴ sont connus principalement de l'Ill∴ F∴ Harbacr que j'interpelle ici pour assurer le Sup∴ Cons∴ de la loyauté, de la probité et des vertus Maç∴ de ces FF∴.

» J'ai eu soin de faire transcrire par le Secrétaire-Général du St-Empire, la Patente Constitutionnelle de votre conseil. Vous y trouverez les mémes sentiments que je viens d'exprimer. Le Secrétaire-Général du St-Empire va vous en donner lecture. »

Lecture faite par ce dernier de ces deux pièces importantes, le Cons∴ Sup∴, par un mouvement spontané et secondé aussitôt par le Lieut∴

Gr.·. Com.·. a applaudi par un triple houzé; Le Lieut.·. Gr.·. Com.·. a repris la parole et a dit :

« T.·. Ill.·. FF.·., vous avez entendu le devoir qui vous est imposé; c'est le renouvellement de votre serment de fidélité au Roi et aux Grandes Constitutions de l'Ordre. »

Aussitôt le Lieut.·. du Gr.·. Com.·. donnant l'exemple a prêté le premier ledit serment et successivement chaque F.·. par ordre de réception et individuellement, et ensuite le Lieut.·. Gr.·. Com.·., tout le Cons.·. debout et à l'ordre et le glaive en main, a prononcé avec tout le conseil : *Nous jurons fidélité au roi des Pays-Bas et aux Grandes Constitutions de l'Ordre.* De quoi acte est et sera donné à qui de droit et spécialement à notre Lieut.·. Gr.·. Com.·.

Le Lieut.·. Gr.·. Com.·. s'est adressé de suite au T.·. Ill.·. F.·. CRASSOUS et lui a dit : *Acceptez-vous, mon T.·. Cher et Ill.·. F.·., la place de Lieut.·. Gr.·. Com.·. qui vous est déférée par le vote unanime du conseil et que je vous défère moi-même, comme il en est besoin,* PROPRIO MOTU ET AD VITAM, *parce que les réglements de l'Ordre l'exigent impérieusement et je déclare en faire de même pour tous les Officiers Dignitaires du Conseil?* Le T.·. Ill.·. F.·. CRASSOUS ayant répondu à haute et intelligible voix qu'il acceptait avec reconnaissance, le Lieut.·. Gr.·. Com.·. l'a fait proclamer par trois fois, ensuite lui a donné l'accolade fraternelle. Ici le canon se fait entendre ainsi que l'harmonie. Le Lieut.·. Gr.·. Com.·. est descendu du trône avec lui pour aller au milieu du Temple où il lui a remis la Patente Constitutionnelle, les Grandes Constitutions de l'Ordre, les Grands sceaux de l'Ordre, le Livre d'Or et les Cahiers du Grade; le Lieut.·. Gr.·. Com.·. et le nouveau proclamé avaient à leurs côtés le Gr.·. Trésorier, le Secrétaire du St-Empire et le Gr.·. Archiviste auxquels le T.·. Ill.·. F.·. CRASSOUS a remis à chacun, suivant sa dignité, les pièces ci-dessus; puis ils ont prêté le serment voulu par les Réglements. Pendant tout ce temps, tous les FF.·. étaient debout et formant la voûte d'acier.

Après quoi le T.·. Ill.·. F.·. ROUYER a fait conduire par le Gr.·. Cap.·. des Gardes, le T.·. Ill.·. F.·. CRASSOUS à la porte du Temple, tandis que lui, accompagné du F.·. Porte-Glaive, a marché vers lui et le T.·. Ill.·. F.·. CRASSOUS; de même les deux Lieut.·. Gr.·. Com.·. s'étant joints se sont donné le signe, les signes et les attachements respectifs. Le T.·. Ill.·. F.·. ROUYER a pris par la main le T.·. Ill.·. F.·. CRASSOUS, l'a conduit au trône du Lieut.·. du Gr.·. Com.·., lui a remis la clé du Temple et lui a présenté un bouquet avec la couronne ducale. Ici le canon se fait entendre ainsi que la fanfare; alors tous les FF.·. debout et à l'ordre devant le trône, le T.·. Ill.·. F.·. ROUYER avec tous les membres du conseil ont prêté serment d'obéissance au T.·. Ill.·. Lieut.·. Gr.·. Com.·., lequel a remercié le conseil, et le T.·. Ill.·. F.·. ROUYER, avec les expressions de la plus touchante fraternité et a prêté entre les mains du conseil le serment d'être fidèle à l'Ordre et d'en faire exécuter les réglements. Il a continué en disant : « T.·. Ill.·. FF.·., que les premières fonctions que je dois remplir en occupant le trône où votre confiance et celle du T.·. Ill.·. F.·. Rouyer viennent de me placer, soient marquées par le témoignage de notre reconnaissance envers le T.·. Ill.·. F.·. Rouyer, reconnaissance d'autant plus méritée que cet Ill.·. F.·. ayant le droit de se réserver la place qu'il voudrait s'est démis absolument de tout pouvoir en faveur du Cons.·. Je propose de le nommer par acclamation notre Lieut.·. Gr.·. Com.·. honoraire *ad vitam.* » Tous les membres du Cons.·. ont répondu au même instant par l'acclamation unanime : *Vive le T.·. Ill.·. F.·.* Rouyer *notre Lieut.·. Gr.·. Com.·. honoraire.*

Aussitôt le T.·. Ill.·. Lieut.·. Gr.·. C.·. l'a fait proclamer aussi par trois fois. Le Lieut.·. Gr.·. C.·. honoraire a remercié le Cons.·. et le Lieut.·. Gr.·. C.·. avec les expressions du sentiment le plus vif et a juré un attachement et un dévouement inaltérables au Cons.·. Sup.·. Le T.·. Ill.·. Lieut.·. Gr.·. C.·. lui a présenté un bouquet au nom du Cons.·. Sup.·.

Le Lieut.·. Gr.·. C.·. honoraire a demandé au Lieut.·. Gr.·. C.·. s'il voulait aller de suite se faire reconnaître au camp des Subl.·. P.·. du R.·. S.·. et de là au conseil du 30ᵉ des Chev.·. de l'Aigle Blanc et Noir. Sur la réponse affirmative, le Lieut.·. Com.·. honoraire a prié le Souv.·. Lieut.·. Gr.·. Com.·. de fermer les travaux au 33ᵉ, ce qui a été fait aussitôt en la forme ordinaire et tous les FF.·. ont signé.

Ensuite les travaux ont été ouverts au 32ᵉ degré. Le Lieut.·. Gr.·. Com.·. a envoyé le Gr.·. Maître des Cérémonies et les Cap.·. des Gardes avertir le camp des Sub.·. P.·. du R.·. S.·. que le nouveau Lieut.·. Gr.·. Com.·. avec le Cons.·. Sup.·. allait se rendre dans leur camp pour se faire reconnaître. Le G.·. M.·. des Cérémonies et le Cap.·. des Gardes ont été remplir leur mission et ils ont annoncé à leur retour que tout le camp des FF.·. était sous les armes et prêt à recevoir le Cons.·. Sup.·. et à reconnaître le Lieut.·. Gr.·. C.·. avec tous les honneurs qui leur sont dûs. Le conseil s'est alors mis en marche de la manière suivante : Le Porte-Etendard, les deux insignes, les FF.·. de deux en deux, le Grand Trésorier et le Grand Secrétaire, le Grand-Maître des Cérémonies portant la couronne ducale, le F.·. Cap.·. des Gardes à la droite et à la gauche, le Porte-Glaive, le Lieut.·. Gr.·. Com.·. honoraire à la gauche du Lieut.·. Gr.·. Com.·. qu'il tient par la main.

Le Cons.·. introduit au camp (ici le canon se fait entendre ainsi que la fanfare), le président est venu présenter à genoux au Lieut.·. Gr.·. Com.·. les signes de son autorité et l'a accompagné au trône avec le Lieut.·. Gr.·. Com.·. honoraire à son côté ; le président du Cons.·. du 32ᵉ s'est porté à la droite du trône, a complimenté le Lieut.·. Gr.·. Com.·., lui a présenté un bouquet au nom de son conseil, et ensuite, de concert avec tous les S.·. P.·. du R.·. S.·., a prêté serment de reconnaissance et d'obéissance au Cons.·. Sup.·. et au Lieut. Gr.·. Com.·. Ce dernier lui a rendu les signes de son autorité. Le Lieut.·. Gr.·. Com.·. a prononcé un discours aussi touchant que plein d'intérêt pour l'Ordre. Le Lieut. Gr.·. Com.·. a fermé aussitôt les travaux du 32° degré et ont tous les FF.·. en commençant par le Lieut.·. Gr.·. C.·. et le 33° signé.

Le Lieut.·. Gr.·. C.·. a ouvert aussitôt les travaux au 30° degré, après quoi, il a député le Gr.·. Cap.·. des Gardes vers le Cons.·. du 30° degré pour lui annoncer que le Cons.·. Sup.·. allait se rendre dans son Cons.·. pour se faire reconnaître. Cet officier de retour a annoncé que le Cons.·. du 30° degré était prêt à recevoir le Sup.·. Cons.·., à lui rendre tous les honneurs qui lui sont dûs, à lui prêter serment d'obéissance, ainsi qu'au Lieut.·. C.·. et à ses autres Officiers Supérieurs.

Le Cons.·. Sup.·. s'est de nouveau mis en marche de la manière ci-dessus expliquée et s'est fait précéder par le Souv.·. Cons.·. des FF.·. P.·. du R.·. S.·., lequel introduit et le Cons.·. Sup.·. ayant ensuite fait son entrée, le canon s'est aussitôt fait entendre ainsi que les sons harmonieux d'une fanfare. Le Gr.·. M.·. du Cons.·. du 30° a présenté à genoux son épée au Lieut.·. Gr.·. C.·. qui l'a relevé. Celui-ci alors lui a présenté la main pour l'accompagner au trône et se portant aussitôt à sa droite, l'a complimenté et lui a présenté un bouquet au nom du Cons.·. et lui a prêté et fait prêter par tous les Chevaliers formant son Cons.·., serment de fidélité et d'obéissance au Cons.·. Sup.·. et au Lieut.·. Gr.·. C.·. et à tous ses autres Officiers Supérieurs. Le Lieut.·. Gr.·. C.·. a prononcé un discours qui a pénétré de reconnaissance tous les FF.·.; après quoi il a ordonné de se remettre en marche dans le même ordre pour l'entrée, en y ajoutant que le 30° précéderait le 32° et celui-ci le Cons.·. Sup.·. Au moment que le Cons.·. du 30° est entré dans le Temple du Cons.·. Sup.·., on s'est rangé de deux en deux pour former la voûte d'acier, sous laquelle le 32° a passé et a continué de suite la voûte d'acier, de sorte que le Cons.·. Sup.·. entrant le dernier a passé par les deux voûtes d'acier formées par les deux Cons.·. du 30° et du 32°, et l'a continué lui-même progressivement en s'avançant dans le Temple ; de sorte que le Lieut.·. Gr.·. C.·. et le Lieut.·. C.·. Honoraire ont passé sous la voûte d'acier jusqu'au trône où le Lieut.·. Gr.·. C.·. étant placé, le Lieut.·. Gr.·. C.·. honoraire a descendu à gauche une marche du trône et plaçant son épée tendue de la main droite devant le Lieut.·. Gr.·. C.·. Les T.·. Ill.·. FF.·. Gr.·. Trés.·. et Secrét.·. du St-Empire qui étaient restés devant le trône, ont placé la pointe de leur épée sur celle du Lieut.·. Gr.·. C.·. Honoraire et tous les FF.·. l'ont présentée dans le même sens, mais un peu baissée en signe de respect. Le T.·. Ill.·. Gr.·. C.·. Honoraire a dit : » T.·. Ill.·. Insp.·.

» Gén∴ du 32e, Sub∴ P∴ du R∴ S∴, et vous Chev∴ de l'Aigle Blanc et
» Noir, unissez-vous à moi de cœur et d'âme pour renouveler ensemble
» le serment d'obéissance au Lieut∴ Gr∴ C∴ Souv∴ Insp∴ Gén∴,
» a-t-il ajouté, nous vous jurons obéissance entière. Veuille le Gr∴ Arch∴
» des mondes prolonger longtemps vos jours et vous conserver à notre
» amitié et à notre dévouement. »

Le Souv∴ Lieut∴ Gr∴ C∴ a remercié et a renouvelé son serment
de fidélité à l'Ordre et juré de faire maintenir et exécuter les réglements.
Il a ordonné aussitôt que tous les FF∴ formassent la voûte d'acier et que
le Gr∴ Maître des Cérémonies et le Cap∴ des Gardes accompagnassent au
trône ducal le Lieut∴ Gr∴ C∴ Honoraire, lequel rendu à son trône,
tous les FF∴ ont repris leur place et le Secr∴ du St-Empire a harangué
le Souv∴ Lieut∴ Gr∴ C∴ et le Cons∴ Sup∴ Le Lieut∴ Gr∴ C∴ a fait
applaudir par un triple houzé le Gr∴ Sec∴ du St-Empire, qui a remercié
par les mêmes signes que le Souv∴ Lieut∴ Gr∴ C∴ et a fait couvrir par un
second triple houzé. Le Lieut∴ Gr∴ C∴ a annoncé qu'il allait fermer
les travaux pour aller célébrer en Loge symbolique avec les députés des
Loges de tous les Rites de la Belgique, la fête de la St-Jean et qu'après
la tenue de la dite Loge, il y aurait un banquet général. Il a encore
annoncé que les T∴ Ill∴ FF∴ Harbaur et Prieur y rempliraient les
fonctions de 1er et de 2e Surv∴ et a fermé aussitôt les travaux en la
manière accoutumée et ont tous les FF∴ signé.

I.

PIÈCES FONDAMENTALES ET GÉNÉRALES.

CONSTITUTIONS ET RÉGLEMENTS GÉNÉRAUX DE 5762.

CONSTITUTIONS DE FRÉDERIC II DE 5786.

TRAITÉ D'UNION, D'ALLIANCE ET DE CONFÉDÉRATION DE 5834.

Règlements et Constitutions

FAITS PAR LES NEUF COMMISSAIRES NOMMÉS PAR LE SOUV.·. GR.·. CONS.·. DES SUBL.·. CHEV.·.

DU ROYAL SECRET ET PR.·. DE LA MAÇONN.·.,

AU GRAND OR.·. DE BORDEAUX,

EN CONSÉQUENCE DE LA DÉLIBÉRATION DU 6ᵉ JOUR DE LA 3ᵉ SEMAINE DE LA 7ᵉ LUNE DE L'ÈRE HÉBRAÏQUE 5762, OU DE L'ÈRE VULGAIRE 1762, POUR ÊTRE OBSERVÉE ET RATIFIÉE PAR LEDIT SOUV.·. GR.·. CONS.·. DES SUBL.·. CHEV.·. DU ROYAL SECRET, PR.·. DE LA MAÇONN.·. ET PAR TOUS LES CONSEILS RÉGULIÈREMENT CONSTITUÉS SUR LES DEUX HÉMISPHÈRES.

Il est connu que toutes les sociétés ont recueilli de grands bienfaits des travaux constants des Subl.·. Chev.·. Souv.·. Pr.·. de la Maçon.·. Ils pensent qu'il ne saurait être pris trop de soins et de précautions, pour soutenir toutes les dignités, perpétuer les bonnes maximes, et les préserver des abus qui peuvent s'y introduire par la dépravation du siècle présent. Quoique cet Ordre Royal et Sublime ait toujours été soutenu avec applaudissements et gloire par la prudence de ses secrètes Constitutions, aussi anciennes que le monde, il est néanmoins convenable d'y faire des réformes en harmonie avec le temps où nous vivons.

La manière de vivre de nos premiers Patriarches qui avaient été naturalisés et élevés dans le sein de la perfection dans laquelle nos pères avaient été formés par les mains des plus parfaits, était bien différente de la nôtre.

Dans ces heureux jours, la pureté, l'innocence et la candeur, guidaient naturellement le cœur vers le chemin de la justice et de la perfection : mais la dépravation des mœurs, occasionnée par le dérèglement du cœur et de l'esprit de l'homme, ayant par succession de temps détruit toutes vertus, l'innocence et la candeur qui en sont la base, ont insensiblement disparu et laissé l'espèce humaine abandonnée aux horreurs de la misère, de l'injustice et de l'imperfection.

Cependant, ce vice n'a pas été général parmi les vieux patriarches, 1ers Chev.·. Ils ont échappé à la multitude des écueils qui les menaçaient du naufrage, et se sont conservés dans cet heureux état de justice et de perfection qu'ils ont heureusement transmis d'âge en âge, en ne révélant les Sacrés Myst.·. qu'à ceux qu'ils en jugeaient dignes, et dans lesquels l'Éternel nous a permis d'être initiés.

En conséquence, pour nous conserver, ainsi que tous les Chev.·. Subl.·. Pr.·., nos Frères, en cet heureux état, et de leur avis, il a été résolu, conclu et déterminé, qu'outre les anciennes et secrètes Constitutions de l'Ordre Auguste des Subl.·. P.·., ce qui sera à jamais et entièrement observé, qu'il ne sera jamais communiqué aux Profanes Chrétiens, ni même aux Maçons au-dessous des degrés de Chevalier Prince de Jérusalem, Grand Patriarche Noachite, Chevalier de Royale-Arche, Prince adepte, et de Command.·. de l'Aigle Noir ; et par cette précaution, connaître si les Frères, ainsi admis, possèdent toutes les qualités nécessaires au Sub.·. Grade.

Les Constitutions et Réglements doivent être exactement exécutés et observés dans tous les points et articles, comme suit :

Art. 1er. Comme la religion est un culte de devoir nécessairement dû au Dieu tout-puissant, nulle personne ne sera initiée dans les Mystères Sacrés de cet éminent Grade, s'il n'est soumis aux devoirs de la religion du pays dont il doit avoir reçu les Vén.·. principes, et s'il n'est certifié par trois Chev.·. Pr.·. : Qu'il est né de parents libres, a mené une bonne conduite, joui d'une bonne réputation, été admis comme tel dans tous les précédents Grades de la Maçonn.·. et a, en tous temps, donné des preuves d'obéissance, soumission, ferveur,

zèle et constance. Enfin, qu'il est libre de contracter les obligations de la Vén.·. Chev.·., lorsqu'il sera admis au Subl.·.
Grade de la haute perfection, et conséquemment capable de
les remplir avec exactitude, et d'obéir au S.·. G.·. M.·. Commandeur, ses officiers, et au P.·. et S.·. G.·. C.·. des Subl.·.
Princes assemblés.

L'Art Royal, ou la Société des M.·. libres et acceptés, est
divisé par ordre en 25 Grades connus et approuvés. Le 1er est
inférieur au 2e, le 2e au 3e et ainsi de suite, par progression
successive, jusqu'au 25e qui est le Subl.·. et dernier Grade,
qui commande et gouverne tous les autres, sans exception.
Tous ces Grades sont distribués en 7 classes, par lesquelles on
ne peut être dispensé de passer, ni de suivre exactement
l'ordre des temps et distances entre chaque Grade, divisés par
nombre mystérieux, comme suit :

Première classe.

1. Pour parvenir au Gr.·. d'App.·., soumis au
   Comp.·. exigé . . . . 3 mois.
2. Le Comp.·. et l'App.·. sont soumis au M.·.
   pour parvenir de l'App.·. au Comp.·. . . . 5 id.
3. Le M.·. et les précédents Gr.·. sont soumis
   aux Gr.·. supérieurs pour parvenir du
   Comp.·. au M.·. . . . . 7 id.

Total 15 mois.
Ce qui fait 3 fois 5 mois.

Deuxième classe.

4. Cette seconde classe consiste en 5 Gr.·. du
   M.·., pour parvenir au M.·. Secret . . . 3 id.
5. Du Maît.·. Secret au M.·. parfait, pour y
   parvenir . . . . 3 id.
6. Du M.·. parfait au Secrét.·. intime, pour
   y parvenir . . . . 3 id.
7. Du Secrét.·. intime à l'Intendant des bâtiments . . . . 5 id.
8. De l'Intendant des bâtiments au Prévôt et
   juge . . . . 7 id.

21 mois.

Troisième classe.

9. Qui consistent en 3 grades. Élu des neuf . 3 mois.
10. Chev.˙. élu des 15 . . . . 3 id.
11. Élu Ill.˙. chef des 12 tribus . . . . 1 id.
} 7 mois.

Quatrième classe.

12. Elle consiste en 3 Gr.˙., Gr.˙. M.˙. Archit.˙. 1 id.
13. Chev.˙. Royale-Arche . . . . 3 id.
14. Gr.˙. Élu, ancien M.˙. parfait . . . . . . 1 id.
} 5 mois.

Cinquième classe.

15. Elle consiste en 5 dégrés, Chev.˙. de l'Épée. 1 id.
16. Pr.˙. de Jérusalem . . . . 1 id.
17. Chev.˙. d'Or.˙. et d'Occ.˙. . . . . 3 id.
18. Chev.˙. R.˙. +.˙. . . . . 1 id.
19. Gr.˙. Pontife ou M.˙. *ad vitam* . . . . . . 3 id.
} 9 mois.

Sixième classe.

20. Elle consiste en 3 dégrés, le Gr.˙. Pa-
triarche . . . . 3 id.
21. Le Gr.˙. M.˙. de la clé de la Maçonnerie. . 3 id.
22. Pr.˙. du Liban.˙., Chev.˙. Roy.˙.-Hache . 3 id.
} 9 mois.

Septième classe.

23. Elle consiste en 3 grades. Souv.˙. P.˙.
adepte, chef du Gr.˙. Consistoire. . . . 5 id.
24. Ill.˙. Chev.˙. Comm.˙. de l'Aigle blanc et
noir . . . . 5 id.
25. TT.˙. Ill.˙. Souv.˙. P.˙. de la Maçonnerie,
Gr.˙. Ch.˙. Subl.˙. Commandeur du Royal
Secret . . . . 5 id.
} 15 mois.

En tout 81 mois pour parvenir successivement au dernier Grade. Tous ces Grades, dans lesquels il faut être initié dans un nombre mystérieux de mois, pour arriver successivement à chaque Grade, forment le nombre de 81 mois. 8 et 1 font 9, comme 8 et 1 font 81, comme 9 fois 9 font 81, tous nombres parfaits, bien différents de 1 et 8 qui font 9, comme 1 et 8 font 18, comme 2 fois 9 font 18, car il y a des nombres imparfaits, et cette combinaison est imparfaite ; mais un Franc-Maç.·., qui a rempli son temps, cueille enfin la rose Maçonn.·.

Mais si, dans aucun temps, un F.·. avait manqué au zèle et à l'obéissance, il ne pourrait obtenir aucun Grade, jusqu'à ce qu'il eût fait les soumissions, imploré le pardon de sa faute et promis la plus grande exactitude et une soumission exemplaire, sous peine d'être exclus à perpétuité et d'avoir son nom biffé et rayé de la liste des Vrais et Légitimes FF.·., etc., etc., etc.

Art. 3. Le Souv.·. Cons.·. des Pr.·. Subl.·. est composé de tous les Présidents des Conseils, particulièrement et régulièrement constitués dans les villes de P.·. et B.·., le Souv.·. des Souverains ou son Député Général ou son Représentant à leur tête.

Art. 4. Le Souv.·. Gr.·. Cons.·. des Subl.·. Pr.·. du Royal Secret, s'assemblera quatre fois par an et sera appelé Gr.·. Cons.·.de quartier de Communication, qui sera tenu le 25 juin, le 21 septembre, le 21 mars et le 27 décembre.

Art. 5. Le 25 juin, le Souv.·. Cons.·. sera composé de tous les Présidents du Conseil, particulièrement de Paris et de Bordeaux, ou leurs Représentants pour ce jour seulement, avec les deux Pr.·. G.·. Off.·. qui sont les Ministres d'État et Généraux d'armée, qui ont seulement le droit de proposer sans avoir voix délibérative.

Art. 6. Tous les 3 ans, le 27 décembre, le Souv.·. Gr.·. Cons.·. nommera 16 Off.·., savoir : 2 Représentants du Lieutenant-Commandant, 2 Gr.·. Off.·. qui sont le Gr.·. Or.·. et le Général de l'armée, 1 Garde des Sceaux et Archives, 1 Gr.·. Secrét.·. Gén.·., 1 Secrét.·. pour *P.·. et B.·.*, un autre Secrét.·. pour les provinces et les pays étrangers, 1 Gr.·. Architecte Ingénieur, 1 Gr.·. Hospitalier, Médecin, et 7 Inspecteurs qui se réunissent sous les Ordres du Souv.·. des Souv.·. Princes, Président ou son Substitut-Général, composant le nombre 17 auquel restera irrévocablement fixé le nombre des Off.·. du Souv.·. Cons.·. des Subl.·. Pr.·. du R.·. S.·. qui ne peuvent être choisis que parmi les Présidents du Cons.·. particulier des Princes de Jérusalem, régulièrement constitués à P.·. et B.·., et à défaut de Souv.·. et Subl.·. Gr.·. Cons.·. pour faire les nominations, le Souv.·. des Souv.·. Pr.·. ou son Député-Général fera nommer d'office dans un Gr.·. Cons.·. assemblé, composé au moins de 18 Pr.·. résidents du Conseil, particulièrement des villes de P.·. et B.·.

Art. 7. Chaque Pr.·. Gr.·. Off.·. ou dépositaire du Souv.·. Gr.·. Cons.·. aura une patente de la Dignité à laquelle il aura été nommé, dans laquelle sera exprimée la durée de ses fonctions, contresignée par tous les Gr.·. Off.·. et par ceux du Souv.·. Gr.·. Cons.·. des Subl.·. Pr.·., timbrée et scellée.

Art. 8. Outre les quatre assemblées de communication, il sera tenu tous les mois, dans les premiers dix jours, par les Gr.·. Off.·. en Dignité du Souv.·. Gr.·. Cons.·. des Pr.·. Subl.·. seulement, un conseil à l'effet de régler les affaires de l'Ordre générales ou particulières, sauf l'appel au Gr.·. Cons.·. de communication.·

Art. 9. Dans l'assemblée du Cons.·. de Communication, ainsi que dans le Cons.·. particulier, toutes les affaires seront décidées à la pluralité des voix; le président aura deux voix et les autres membres une. Si, dans ces assemblées, un F.·. est admis par dispense, quoiqu'il soit Pr.·. Subl.·., sans être membre du Gr.·. Cons.·., il n'aura pas voix et ne donnera pas son sentiment sans la permission du président.

Art. 10. Toutes les affaires portées au Souv.·. Gr.·. Cons.·. des Pr.·. Subl.·. seront réglées dans les Cons.·., et les Réglements seront exécutés sauf ratification au prochain Cons.·. de commission.

Art. 11. Quand le Souv.·. Gr.·. Cons.·. de communication sera tenu, le Gr.·. Secrétaire sera obligé d'apporter et de rendre compte de toutes les délibérations et réglements faits pendant le quartier, pour être ratifié; et s'il se rencontrait quelques oppositions à leur ratification, il sera nommé neuf commissaires devant lesquels les opposants exposeront, par écrit, les motifs de leur opposition, afin qu'il puisse y être également répondu par écrit, et que sur le rapport des susd.·. Commiss.·., une décision soit prise par le Gr.·. Cons.·. de communication suivant; et dans l'intervalle de ladite délibération et réglement, un ordre d'exécution sera donné.

Art. 12. Le Gr.·. Secrét.·. Gén.·. tiendra un registre pour P.·. et B.·., et un autre pour la province et les pays étrangers, contenant les noms des Cons.·. particuliers par ordre d'ancienneté, la date de leurs constitutions, l'état de leurs noms, grades, dignités, qualités civiles et résidence des membres, conformément à ceux envoyés par nos Inspecteurs ou leurs Députés; et le droit de préséance de chaque Cons.·., ainsi que le nombre de L.·. régulières de perfection établies sous le Gouvernement de nos Inspecteurs ou du Cons.·. des Pr.·. Subl.·., le titre de leurs LL.·., la date de leurs Constitutions, état de leurs titres, grades, offices, dignités, qualités civiles et la résidence des Membres, conformément à ceux qui nous seront délivrés par nos Inspecteurs ou leurs Députés dans les Gr.·. Cons.·. de Comm.·., sera réglé le jour de la réception du Président dans les Cons.·. particuliers.

Art. 13. Le Gr.·. Secrét.·. tiendra pareillement un registre contenant toutes les délibérations et réglements faits par le Gr.·. Cons.·. de Comm.·. de quartier dans lequel seront mentionnées toutes les affaires expédiées dans les susdits Cons.·., toutes les lettres reçues et le sujet de la réponse convenue.

Art. 14. Le Gr.·. Secrét.·. écrira en marge des pétitions, lettres et mémoires qui seront lus en Cons.·., le sujet de la réponse convenue; et après en avoir rédigé la réponse il la fera signer par le Gr.·. Insp.·. Gén.·. ou son Député, par le Secrét.·. de la juridiction, et le M.·. Garde des Sceaux. Il les signera, timbrera, scellera et les enverra lui-même. Cependant, comme ce travail ne peut être fait pendant la séance du Cons.·., et qu'il peut être quelquefois dangereux de retarder lesdites lettres jusqu'au prochain Cons.·., il produira la minute de sa réponse, pour qu'elle puisse être lue dans le prochain Cons∴ et remettra tout ce qui y est relatif au Garde des Archives, pour que le Souv∴ Gr∴ Cons∴ puisse y faire les corrections qu'il jugera convenables.

Art. 15. Le Cons∴ particulier, soit dans les villes de P∴ et B∴, provinces ou tel autre lieu, n'aura pas le pouvoir d'envoyer des Constitutions et Réglements, à moins qu'ils ne soient autorisés, timbrés et scellés par le Gr∴ Souv∴ Cons∴, le Gr∴ Insp∴ ou son Député.

Art. 16. Le G∴ Garde des sceaux et timbres ne peut sceller ou timbrer aucune lettre, qu'elle n'ait été signée par le Secrét∴ Gén∴ et par deux Secrét∴ de différente juridiction, ni ne peut timbrer, ni sceller aucuns réglements, avant qu'ils aient été signés par le Gr∴ Inspect∴ ou son Député, et par les susdits 3 Secrétaires, ni timbrer ni sceller aucunes Constitutions, à moins qu'elles n'aient été scellées par les susdits trois Gr∴ Off∴ et autres Pr∴, au nombre de 7 au moins, membres du Souv∴ Gr∴ Cons∴ des Pr∴.

Art. 17. Le Gr∴ Trésorier qui doit être connu pour avoir une fortune aisée, sera chargé de tous les fonds qui seront perçus pour l'entretien du Souv∴ Gr∴ Cons∴, ou donnés par forme de charité; il sera tenu un registre exact et bien ordonné de toutes les recettes, dépenses et charités, et de quelle manière ces fonds ont été dépensés; ceux pour l'usage du Souv∴ Gr∴ Cons∴ et ceux destinés aux charités, seront tenus séparément. Il sera donné un reçu pour chaque somme qui spécifiera le n° du fol° de son registre, et il ne sera payé aucune somme, que par ordre écrit du président et des deux G∴ Off∴ du Souv∴ Cons∴.

Art. 18. A la 1re assemblée du Gr∴ Conseil, après le 27 décembre, le Gr∴ Trésorier rendra ses comptes.

Art. 19. Nul ordre de recette sur le Trésorier ne sera délivré que par le Président ou les deux Gr∴ Surv∴, et par une résolution du Gr∴ Cons∴ qui sera mentionnée dans ledit ordre, ainsi que tous les paiements desdits fonds auxquels il ne sera jamais touché pour aucuns banquets, lesquels seront payés à frais communs par tous les FF∴.

Art. 20. Si des mémoires, pétitions et plaintes étaient portés par-devant le Souv.·. Gr.·. Cons.·., par un Cons.·. particulier, dont le président serait membre, il ne pourrait donner sa voix, ni même son avis, à moins qu'il n'en fût requis par le Président du Gr.·. Cons.·.

Art. 21. Les Gr.·. Inspect.·. Députés et les deux 1ers Gr.·. Off.·. ne pourront être destitués que par le Gr.·. Cons.·. de Commun^on.·. de quartier, des Pr.·. du R.·. Secret, pour de légitimes raisons mises en délibération, lorsqu'il y aura des preuves contre eux parfaitement démontrées ; mais les susdits Gr.·. Off.·. pourront donner leur démission dans le Gr,·. Cons.·. Ses Gr.·. Députés Inspect.·. ne peuvent être remplacés que par la nomination du Souv.·. des Souv.·. et du T.·. P.·. Pr.·.

Art. 22. Le Gr.·. Cons.·. fera visiter les Cons.·. particuliers, ainsi que les Loges de Perfection par ses Députés Inspect.·., ou, en leur place, par ceux qui seront nommés à cet effet. Ils rendront compte, par écrit, au Secrét.·.-Général, de tout ce qui s'y sera passé, afin que celui-ci puisse en instruire le Gr.·. Cons.·. Ledit F.·. Inspect.·., ou Député, visitera leurs Travaux, les registres et Constitutions et les Tableaux dudit Cons.·. et des Loges de Perfection, et en dressera procès-verbal, qui sera signé par les Off.·. Dignit.·. dudit Cons.·. ou Loges de Perfection ou autres quelconques, qu'il communiquera au Souv.·. Gr.·. Cons.·., le plutôt possible, en les adressant au Gr.·. Secrét.·.-Général. Il présidera dans lesdits Gr.·. Cons.·., ou Loges de Perfection ou autres, toutes les fois qu'il le jugera nécessaire, sans opposition d'aucun F.·. quelconque, sous les peines de désobéissance et d'interdiction, car tel est notre bon plaisir.

Art. 23. Lorsque le Gr.·. Cons.·. sera régulièrement convoqué, 7 membres suffisent pour ouvrir les Trav.·. à l'heure indiquée, et les réglements qui seront faits et passés à la pluralité des voix, parmi eux, auront force de loi, comme si les autres Membres eussent été présents, excepté dans les cas de nécessité où le Gr.·. Inspect.·. et son Député peuvent procéder avec 3 Membres aux Trav.·.

Art. 24. Si dans l'assemblée du Gr.·. Cons.·. quelques Membres se présentaient d'une manière indécente, pris de vin, ou commettaient quelques fautes tendantes à détruire l'harmonie qui doit régner dans ces Respectables Assemblées, ils seront réprimandés pour la première fois; à la seconde offense, ils seront mis à l'amende qui sera payée immédiatement, et pour la troisième fois, ils seront privés de leurs Dignités, et si la majorité du Gr.·. Cons.·. est d'accord sur leur expulsion, ils seront chassés.

Art. 25. Si dans le Souv.·. Gr.·. Cons.·. un Membre était coupable des offenses mentionnées dans le précédent article, il sera, pour la première fois, condamné à payer telle amende qui lui sera imposée immédiatement; pour la deuxième fois, il sera chassé de l'Assemblée Gén.·., l'espace d'une année, pendant lequel temps, il sera privé de ses fonctions dans le Cons.·. ou dans la Loge dont il serait Membre, et pour la troisième fois, il sera chassé pour toujours. S'il est président de quelque Cons.·. ou Loge particuliers, il en sera déchu; il sera nommé un nouveau président à son Cons.·. ou Loge, de quelque grade que ce soit.

Art. 26. Le Souv.·. Cons.·. ne reconnaîtra pour Conseils Réguliers ou Loge de perfection, que ceux qui seront régulièrement constitués par lui, ou par les Gr.·. Inspect.·. ou leurs Députés. Il en sera de même à l'égard des Chev.·. Maç.·. Princes et Gr.·. Élus Parfaits, qui auraient été reçus par quelques Cons.·. ou Loges, qui n'y auraient pas été duement autorisés.

Art. 27. Toutes les pétitions au Souv.·. Gr.·. Cons.·., pour obtenir des Constitutions, soit pour établir ou pour régler un Cons.·. ou Loges quelconques, seront remises, savoir : pour la province, aux Inspect.·. de la même juridiction, qui nommeront 4 commissaires à cet effet, pour prendre toutes les informations nécessaires. Ils enverront à l'Inspecteur ou à son Député dans ladite juridiction, une liste exacte des membres qui demandent la création d'un Cons.˙. ou Loge de perfection, etc., etc., etc., pour, sur le rapport desdits Commiss.˙. ou sur celui du Gr.˙. Inspect.˙., ou de son Député, être déterminé par ledit Gr.˙. Cons.˙. , sur la demande desdits Membres. Quand ce sera pour un pays étranger, les Gr.˙. Inspect.˙., dans leur juridiction, pourront créer, constituer, défendre, révoquer, et exclure, selon leur prudence ; ils en dresseront procès-verbal et donneront avis de tout ce qu'ils auront fait au Souv.˙. Gr.˙. Cons.˙., par l'occasion la plus favorable. Les susdits Inspect.˙. se conformeront aux lois et coutumes, ainsi qu'aux instructions secrètes du Souv.˙. Gr.˙. Cons.˙.; ils auront la liberté de choisir les Députés dans leurs Trav.˙., pour les accélérer et les autoriser par lettres-patentes qui auront force, valeur et validité.

Art. 28. Le Souv.˙. Gr.˙. Cons.˙. n'accordera aucune Constitution pour l'établissement d'une Loge Royale de perfection, excepté aux FF.˙. qui auront au moins le Grade de Prince de Jérusalem, et pour l'établissement d'un Cons.˙. de Chev.˙. d'Or.˙. et d'Occ.˙. ; mais pour l'établissement d'un Cons.˙. de Prince de Jérusalem, le Fr.˙. doit avoir absolument le Gr.˙. de Subl.˙.Chev.˙.Prince Adepte, et prouver, par des titres authentiques, avoir légitimement et régulièrement été reçu, et qu'il a toujours joui librement d'un bien honnête, libre de tout reproche par une bonne réputation, et une bonne conduite, et qu'il a toujours été soumis aux décrets du Souv.˙. Gr.˙. Cons.˙. des Pr.˙. dont il désire devenir le Chef, etc., etc., etc.

Art. 29. Le Souv.˙. Cons.˙. des Pr.˙. Subl.˙. n'accordera aucune nouvelle patente, ni constitution, soit pour P. et B., province ou pays étrangers, qu'en fournissant un reçu du Trésorier de la somme de 24 schellings, pour le paiement des personnes employées à cet ouvrage. Les Gr.˙. Inspect.˙. des Orients étrangers s'y conformeront, dans les mêmes cas, feront les voyages qu'ils seront obligés de faire, et seront défrayés de toutes dépenses. En outre, ils ne délivreront ni commission, ni pouvoirs à aucuns FF.˙., avant qu'ils n'aient signé sa soumission dans les registres du Gr.˙. Inspect.˙.-Général, le Gr.˙. Inspect.˙.

ou son **Député**, et pour la province et pays étrangers, dans les registres de nos Inspect.·. et Députés. Il sera même nécessaire que la susdite soumission soit écrite et signée par ledit F.·.

Art. 30. Si les Inspect.·. ou Députés jugeaient convenable de visiter dans quelque lieu des deux hémisphères, soit le Gr.·. Cons.·. des Pr.·. de Jérusalem, le Cons.·. des Chev.·. d'Or.·. ou Arche-Royale de la Perfection, ou aucun autre quelconque, ils se présenteront avec les décorations de leurs dignités, soit à la porte du Gr.·. Cons.·. des Pr.·. de Jérusalem, Gr.·. Chap.·. des Chev.·. de l'Aigle noir, ou Consistoires des Pr.·. Adeptes, ou enfin, à tel autre que ce soit. Ils seront reçus avec tous les honneurs qui leur sont dus et jouiront en tous lieux de leurs priviléges et prérogatives, etc.·., comme l'Inspect.·. et son Député, ainsi que les Chev.·. PP.·. Maç.·., lorsqu'ils visiteront une Loge de Royale Perfection, ou aucune autre quelconque.

Le Puissant Gr.·. M.·., le R.·. d'une Loge Symbolique enverra cinq Officiers Dignitaires, pour introduire le 1ᵉʳ Inspecteur ou son Député, avec tous les honneurs, tels qu'ils seront ci-après expliqués.

Art. 31. Les Pr.·. de Jérusalem, étant les vaillants Pr.·. de la Maçonn.·., seront reçus avec tous les honneurs et jouiront de tous leurs priviléges dans toutes les LL.·., Chap.·., ainsi que dans les Cons.·. de Chev.·. d'Or.·., où ils feront leur entrée triomphale en la manière suivante :

1º Les Pr.·. de Jérusalem ont le droit d'annuler et de révoquer tout ce qui peut avoir été fait en Cons.·. des Chev.·. d'Or.·., ainsi que dans les Loges de R.·. Perfection et dans toute autre de quelque Grade que ce puisse être, quand elles ne se seront point conformées aux jugements et aux lois de l'Ordre, pourvu, néanmoins, que ce soit en l'absence de tout Subl.·. Pr.·. d'un Gr.·. supérieur.

2º Quand un Pr.·. de Jérusalem est annoncé en sa qualité à la porte d'une Loge Royale ou Chap.·. ou tout autre, avec des titres ou ornements qui le font connaître pour tel, ou s'il est connu par quelques Pr.·. du même Grade, le R.·. ou le

T∴ P∴ Gr∴ M∴ enverra 4 Officiers Dignitaires pour l'introduire et l'accompagner ; il entrera, le chapeau ou le casque sur la tête, l'épée nue à la main droite, comme en combattant, le bouclier au bras gauche et même cuirassé ; s'il est décoré de tous ces attributs et ornements, le Pr∴ Visiteur étant à l'Occ∴ entre les deux Surv∴, accompagnés des quatre Députés de la L∴, il saluera : 1° le Maître, 2° au Nord et au Sud, 3° à droite et à gauche, C∴ à... les 1ers et 2e Surv∴. Aussitôt que le Valeureux Pr∴ aura salué de cette manière, il fera le signe de la L∴ qu'on tient, qui sera répété par le M∴ et tous les FF∴ ensemble, ensuite il dira : *A l'ordre, mes FF∴;* aussitôt d'un coup, tous les FF∴ du Nord et du Sud, formeront une voûte avec leurs épées et lances et, au défaut, avec leurs bras tendus pour former, autant que possible, une voûte sous laquelle le Valeureux Pr∴ passera d'un pas grave jusqu'à ce qu'il soit arrivé au M∴ ; le M∴ lui offrira le Sceptre qu'il acceptera. Il commandera les Trav∴, le M∴ lui rendra compte de tous les Trav∴ et de tout ce qui aura rapport à l'Ordre, ou, s'il le juge à propos, il laissera le Sceptre au M∴ pour continuer les Trav∴ déjà commencés, et si le Valeureux Pr∴ veut se retirer avant que la Loge soit fermée, après en avoir informé le Vén∴ ou le T∴ P∴ de la Loge de Perfection, il remerciera le Valeureux Pr∴ de sa visite, l'invitera à la faire souvent, en lui offrant tous les services possibles. Après ce compliment, il frappera un grand coup et dira : *A l'ordre, mes FF∴.* Ce qui sera répété par les FF∴. Ensuite, tous les FF∴ du Nord et du Sud, formeront une voûte devant le Valeureux Pr∴, qui, après avoir salué le M∴, passera sous la voûte, de même qu'en entrant, son épée nue, comme un guerrier combattant. Arrivé entre les deux Surv∴, il se tournera vers l'Or∴, saluera le M∴, le Nord et le Sud, et ensuite les deux Surv∴, toujours accompagné des 4 Députés, et sortira de la Loge, toujours les deux portes ouvertes, comme quand il est entré. Les 4 Députés étant rentrés, les Trav∴ seront continués.

3° Tous les Pr∴ de Jérusalem ne peuvent jouir de leurs

privilèges, quand il y a un Pr∴ Adepte, Chev∴ Hoachite ou un Souv∴ Pr∴ de Royal Secret présent, mais ils peuvent entrer avec tous ces honneurs, si les Pr∴ présents y consentent.

4° Les Pr∴ de Jérusalem seront nommés en Loge, Valeureux Pr∴ ; les Chev∴ Adeptes, Souv∴ Pr∴ Chev∴ du Royal Secret, Ill∴ Souv∴ des Souv∴ Pr∴ Sublimes ; les Chev∴ d'Or∴, excellents FF∴ Chev∴ ; le Chev∴ d'Or∴ aura le droit, quand un Pr∴ de Jérusalem ne sera pas présent, de demander compte exact de tout ce qui s'est passé en Loge, de voir si les Constitutions sont bonnes et en forme, et de mettre la paix entre les FF∴, s'il existe quelque froideur ou contestation entre eux : d'exclure le plus obstiné et ceux qui ne se soumettraient pas d'eux-mêmes aux Statuts et aux Lois qui leur sont prescrits par nos Secrètes Constitutions et autres, soit en Loge de Perfection ou Symbolique.

5° Les valeureux Pr∴ de Jérusalem ont le droit, ainsi que les Chev∴ d'Or∴, de s'asseoir le chapeau sur la tête, pendant les Trav∴ d'une L∴ de perfection ou symbolique. S'ils le veulent néanmoins, ils ne peuvent jouir de leurs privilèges, que quand ils sont régulièrement connus, et décorés des ornements et attributs de leurs Dignités.

6° Cinq valeureux Pr∴ de Jérusalem pourront former un Cons∴ de Chev∴ d'Or∴ partout où il n'y en aura pas d'établi. Ils seront Juges, mais ils seront obligés de donner avis, par écrit, de leurs Trav∴ au Souv∴ Gr∴ Cons∴, ainsi qu'à l'Inspecteur ou à son Député ; ils y sont autorisés par les pouvoirs qui ont été donnés à leurs Ill∴ prédécesseurs par le peuple de Jérusalem au retour de leur Ambassadeur, etc., etc.

Art. 32. Pour établir entre tous les Cons∴ particuliers et parmi tous les Ill∴ Chev∴ et Pr∴ Maç∴, une correspondance régulière, ils enverront chaque année, au Souv∴ Gr∴ Cons∴ et à chaque Cons∴ particulier, un état général de tous les Cons∴ particuliers, régulièrement autorisés, ainsi que les noms des Off∴ du Souv∴ Gr∴ Cons∴ des Subl∴ Pr∴, et donneront avis, dans le cours de l'année, de tous les changements intéressants qui pourraient avoir eu lieu dans le dernier état.

ART. 33. Pour maintenir l'ordre et la discipline, le Souv∴ Gr∴ Cons∴ des PP∴ du Royal Secret, ne s'assembleront, pour procéder à un Trav∴ Maçon∴, qu'une fois par an; alors personne ne sera admis au dernier Grade de la Maçon∴ que les trois plus anciens Chev∴ Adeptes, qui seront proclamés à la Grande Loge du Grand Élu parfait, soit en Cons∴ Chap∴, etc., etc., etc.

ART. 34. Jours de Fêtes que les Chev∴ et PP∴ Maçon∴ et Val∴ PP∴ de Jérusalem sont tenus de célébrer particulièrement :

1° Le 20 novembre, jour mémorable où leurs Ancêtres firent leur entrée à Jérusalem.

2° Le 23 février, pour louer le Seigneur, à l'occasion de la reconstruction du Temple.

Les Chev∴ d'Or∴ célébreront le 5e jour de la réédification du Temple de Dieu; le 22 mars et le 22 septembre, jours équinoxaux ou renouvellement des jours longs et courts, en mémoire de ce que le Temple fut bâti deux fois. Les PP∴ sont obligés d'aller au Cons∴ d'Or∴ pour célébrer ces deux jours.

Le Gr∴ Élu parfait célébrera, en particulier, la dédicace du premier Temple. Le 5 de la 3e lune, à 6, ce qui répond à notre mois de juillet, où les Chev∴ et PP∴ Maç∴ seront décorés de tous leurs ornements.

ART. 35. Un Cons∴ particulier de Pr∴ Subl∴ de Royal Secret, ne pourra excéder le nombre de quinze, y compris les Off∴

Chaque année, le jour de St-Jean l'Évangéliste, chaque Gr∴ Cons∴ particulier doit nommer neuf officiers, non compris le Président, qui doit être continué toujours cinq ans, savoir :

1° Un Lieutenant-Commandant, qui préside en l'absence du Gr∴ M∴ C∴

2° Le Gr∴ Surveillant;

3° Le Gr∴ Garde des Sceaux;

4° Le Gr∴ Trésorier;

5° Le Gr.·. Capitaine des Gardes;

6° Le Gr.·. Introducteur;

7° Le Gr.·. Maître Architecte;

8° Le Gr.·. Hospitalier.

Et six autres qui, réunis sous les Ordres du Souv.·. des Souv.·. Pr.·. ou son Lieutenant, resteront sans changement. Il ne peut en être admis aucun autre, tandis que le nombre 15 existera.

Le Gr.·. Cons.·. est sujet au Gr.·. Inspect.·. ou son Député, comme leur chef, et reconnu comme tel, en toutes occasions et sous l'obéissance de leur Cons.·., pour ce qui concerne l'art R.·. dans les hauts Grades comme dans les inférieurs.

Nous Souverains des Souv.·. Pr.·. Subl.·. du R.·. S.·., de l'Ordre Royal et militaire de la plus respectable fraternité des Libres et Acceptés Mac.·., avons délibéré et résolu, que ces présents Statuts, règlements et Constitutions seraient observés.

Ordonnons à nos Gr.·. Insp.·. et Députés, de les faire lire et recevoir, soit dans tous les Cons.·., Chap.·. et Loges Royales et dans toute autre quelconque.

Au Gr.·. O.·. de B.·., sous la Céleste Voûte, les jours et an susdits.

Collationnée la présente copie sur celle authentique renfermée dans la caisse à trois clés du Sup.·. Cons.·. d e Belgique et autres pays soumis à son obédience.

Bruxelles, le 20° j.·. du 5° m.·. 5841.

Par mandement :
Le Secrét.·. Gén.·. du St-Empire,
Fr. LE ROY, 33°.

UNIVERSI TERRARUM ORBIS SUMMI ARCHITECTORIS GLORIA
AB INGENIIS.

NOVA

INSTITUTA SECRETA

ET FUNDAMENTA,

ANTIQUISSIMÆ, VENERANDISSIMÆQUE SOCIETATIS VETERUM-
STRUCTORUM-LIBERORUM-AGGREGATORUM,

QUÆ

Regius ac Militaris LIBERÆ-ARTIS-FABRICÆ-LAPIDARIÆ *Ordo Vocatur.*

Nos FREDERICUS, Dei gratia, Rex Borussiæ, Margravius
Brandeburgi, etc., etc., etc.

Supremus Magnus Protector, Magnus Commendator, Magnus
Magister Universalis, et Conservator antiquissimæ et venera-
bilis Societatis Veterum-Liberorum-Aggregatorum-Structorum
vel Latomiorum seu Regalis et Militaris ORDINIS Liberæ-Artis-
Fabricæ Lapidariæ, vel Liberæ-Latomiæ;

ILLUSTRIBUS ET DILECTIS FRATRIBUS PRÆSENTES INSPECTURIS.

TOLERANTIAM, UNIONEM, PROSPERITATEM.

Quod compertum et exploratum ipsi Nos habemus, conservantia et summa Officia quæ pacti sumus cum Antiquissimâ, Reverendissimâque Institutione notâ ævo nostro, sub nomine *Liberæ - Artis - Fabricæ - Lapidariæ - Fraternitatis* aut Ordinis-Veterum-Structorum-Liberorum-Aggregatorum, fecerunt, quod notum est omnibus, ut illam nostrâ speciali sollicitudine tutaremur.

Hæc universalis Institutio, quæ originem à societatis humanæ origine ducit, est pura in Dogmate et Doctrinâ, sapiens, prudens et moralis in disciplinis, exercitationibus, consiliis ac rationibus, et fine insigniter philosophico, sociali et humano se præsertim commendat; hujusce societatis finis hic est : Concordia, Felicitas, Progressus, commoda humani generis generatim sumpti, et particulariter uniuscujusque hominis : igitur omni spe et operâ, constanti animo uti debet ut ad eum exitum, quem solum se dignum profitetur, perveniat.

Sed progrediente ætate, organorum compositio priscisque regiminis unitas graviter adulteratæ sunt magnis eversionibus rerumque mutationibus quæ Mundi statum everterunt aut alternis vicibus immutârunt, et quæ priscos structores, diversis antiquorum nostrumque temporum periodis, in varias Orbis partes sparserunt. Hic dispersus sejunctiones operatus est, quæ sub Rituum nomine hodie vigent et quorum conjunctio ORDINEM componit.

Sed divisiones aliæ primis ex divisionibus ortæ, novis societatibus constituendis locum dederunt, et plurimis nulla alia cum *Liberâ-Arte-Fabricæ-Lapidariæ* est communitas præter nomen aliasque formulas a fundatoribus servatas ut tegerent consilia secreta, sæpe exclusoria, aliquando etiam periculosa et ferè semper principiis doctrinisque sublimibus *Liberæ-Artis-Fabricæ-Lapidariæ*, traditione transmissis, opposita.

Notæ discordiæ novis illis societatibus in ORDINE concitatæ, et per nimium tempus alitæ, illum suspicionibus et diffidentiæ omnium ferè principum objecerunt, etiamque sævis nonnullorum insectationibus.

Conatibus structorum virtute præstantium sedatæ fuere discordiæ, et illi omnes, jam à longo tempore votis exposcunt ut generaliter in eas consulatur, rationibusque eos reditus impediant, ORDINEMQUE sustineant, illi sui regiminis, organorumque priscæ compositionis unitatem, priscamque disciplinam restituendo.

Hæc vota accipiendo, quæ vota Nobis communia sunt à completâ initiatione nostrâ mysteriis *Liberæ-Artis-Fabricæ-Lapidariæ*, nobis attamen dissimulare non potuimus nec numerum, nec naturam, nec veram magnitudinem obstaculorum removendorum ut illa vota persolverentur. De tali re faciendâ rationem inire meditabamur deliberando, cum fratribus sapientissimis et principibus fraternitatis in omnibus orbis regionibus, de consiliis aptissimis ad utilem illum exitum consequendum, violato nullius arbitrio, nullâ verà structorum libertate violatâ, nec opinionum præcipuè, quæ inter omnes libertates prima et sacerrima est atque admodum propensa ad accipiendam offensionem.

Usque adhuc regis officia, nobis magis peculiaria, et plurimi gravesque eventus, qui nostri principatûs cursum insignierunt, irritam erga hoc fecerunt nostram voluntatem et a proposito illo nos deterruerunt. Absolutio perfectioque tam magni, pulchri, æqui ac necessarii operis, ad tempus, prudentiam, cognitionem studiumque fratrum, qui nobis succedent, deinceps pertinent : illud pensum illis relinquimus, præcipimusque ut sine intermissione, leniter ac prudenter dent illi operam.

Attamen recentes ac instantes expositiones quæ ad nos, his proximis temporibus, omnibus ex locis, missæ fuêre, nobis notam reddunt urgentem necessitatem opponendi potentem molem animo intolerantiæ, sectæ, schismatis et anarchiæ, quem inter fratres nuperi novatores adsciscere conantur, spectantes ad consilia plus minusve restricta, inconsiderata aut vituperabilia, et oblata sub speciosis rationibus quæ à proposito veram *Artem-Fabricæ-Lapidariæ*, naturam suam immutando, deflectere, et sic ad contemptionem extinctionemque ORDINIS pervenire possunt. Confitemur nosmet ipsi hanc urgentem necessitatem, edocti omnia quæ in regnis vicinorum hodiè geruntur.

Igitur hæ rationes *aliæque causæ non minoris ponderis* nos impellunt ad colligendum et agglomerandum in unum corpus *Artem-Fabricæ-Lapidariæ* omnes Rɪᴛᴜs Sᴄᴏᴛɪᴄɪ regiminis, quorum doctrinæ generaliter agnoscuntur esse maximè eædem ac illæ priscæ intitutiones, quæ eodem tendunt, et quæ, cum sint præcipui rami ejusdem arboris, tantum inter se differunt formulis, jam inter multos explanatis, et quas conciliare facile est. Hɪ Rɪᴛᴜs sunt qui agnoscuntur sub nomine *Antiqui*, Heredom aut *Hairdom, Kilwining Orientis, Sancti-Andreæ, Imperatorum Orientis et Occidentis, Principium-Regi-Secreti*, aut *Perfectionis, Philosophiæ*, et Rɪᴛᴜs recentissimus *Primævis* dictus.

Iɢɪᴛᴜʀ, acceptum habendo, pro basi nostræ reformationis conservatrici, titulum primi illorum Rituum et numerum graduum hierarchicum ultimi, Dᴇᴄʟᴀʀᴀᴍᴜs illos omnes jam nunc conjunctos et agglomeratos in unum solum ORDINEM qui, profitendo Dogma et puras Doctrinas priscæ *Artis-Fabricæ-Lapidariæ*, complectitur systemata omnia Scotici Ritùs copulata sub titulo RITUS-SCOTICI-ANTIQUI-ACCEPTI.

Doctrina largietur structoribus, in gradibus trigintatribus, in septem Templa, aut Classes partitis, quos quisque structor vicissim lustrare tenebitur antequam ad sublimissimum ac ultimum perveniat; ac in quoque gradu, subibit moras et pericula quæ Instituta, Decreta, Præscriptaque antiqua ac nova ORDINIS atque *Perfectionis* exigunt.

Primus gradus secundo subjicietur, iste tertio, et sic ex ordine usque ad Sublimem (tertium et trigesimum ac ultimum)

qui ad omnes alios advigilabit, illos redarguet, illisque impe-
rabit, et cujus Congregatio aut Conventus, Magnum-Concilium-
Supremum, Dogmaticum erit, *Defensor Conservatorque* ORDINIS,
quem gubernabit atque administrabit, ex præsentibus et ex
Constitutionibus quæ proximè instituentur.

Omnes gradus Rituum suprà agglomeratorum a primo ad
octavum decimum, in gradibus Ritùs *perfectionis* ordini suo
respondenti et ex suâ analogiâ et similitudine collocabuntur,
et XVIII primos gradus Ritus-Scotici-Antiqui-Accepti component :
Undevigesimus gradus, ac tertius et vigesimus gradus Ritùs,
qui *Primævus* vocatur, vigesimus ORDINIS erit : vigesimus,
ac tertius et vigesimus gradus *Perfectionis,* àut dedecimus sex-
tus, ac quartus et vigesimus Ritùs *Primævi,* primus et vigesimus, ac octavus et vigesimus ORDINIS erunt, Principes-Regii-
Secreti, in secundo et trigesimo gradu sese collocabunt, sub
Summis-Magnis-Inspectoribus-Generalibus, qui gradus tertius et
trigesimus, ac ultimus ORDINIS est. Primus et trigesimus
gradus *Summos-Judices-Commendatores* habebit ; *Summi-Com-
mendatores, Summi-Electi-Equites-Kadosh,* trigesimum gradum component. In tertio et vigesimo, ac nono et vigesimo,
quinto et vigesimo, sexto et vigesimo, septimo et vigesimo,
ac nono et vigesimo gradu *Capita-Tabernaculi, Principes-Taber-
naculi, Equites-Serpentis-Ænei, Principes-Gratiæ, Summi-
Commendatores-Templi* et *Summi-Scoti-Sancti-Andreæ* collocabuntur.

Eorumdem Scotorum Regiminum aggregatorum, omnes
sublimes gradus, secundùm eorum analogiam, vel identita-
tem, distributi-erunt in classes eorum ORDINIS respondentes
in regimina Ritus-Scoti-Antiqui-Accepti.

Sed nunquam, neque nullo pretextu, nullus eorum sublimium gradium adsimilari poterit Tertio et trigesimo et Su-
blimissimo gradui Supremi Magni Inspectoris Generalis, Protecto
ris, Conservatoris ORDINIS, ultimo ejusdem Antiqui-Accepti-
Scoti-Ritus ; nullo in casu poterit quis frui eisdem juribus,
prærogativis, privilegiis, aut facultatibus, quibus eos Inspectores nos insignimus.

Sic eos instituimus vigore facultatum supremarum et conservatricium.

Utque hoc firmum et inconcussum sit, jubemus omnibus nostris Dilectis, Strenuis, Excelsisque Equitibus Principibusque Latomiis auxiliarem ci manum præbere.

DATUM in nostra Regali Sede Berolini, kalendis Maji Anno gratiæ MCCLXXXVI. Nostri Regni, XLVII°.

(*Subscriptum*) FREDERICUS.

UNIVERSI TERRARUM ORBIS SUMMI ARCHITECTORIS
GLORIA AB INGENIIS.

CONSTITUTIONES ET STATUTA

MAGNORUM SUPREMORUMQUE CONCILIORUM

CONSTANTIUM E MAGNIS GENERALIBUS INSPECTORIBUS, PATRONIS DUCIBUS, CONSERVATORIBUS ORDNINIS 33ii.·. ULTIMIQUE GRADUS ANTIQUI-SCOTI-RITUS-ACCEPTI,

ITEM

REGULÆ

REGENDIS OMNIBUS CONSISTORIIS, CONCILIIS, COLLEGIIS, CAPITULIS, ALIISQUE SOCIETATIBUS LATOMIIS EORUMDEM CONCILIORUM JURISDICTIONI SUBJECTIS.

IN NOMINE SANCTISSIMI ET MAGNI ARCHITECTORIS UNIVERSI.

ORDO AB CHAO.

Probante, præsente, sanciente Augusta Majestate FREDERICI (CAROLI) *Secundi, Borussiæ Regis, Margravii Brandeburgensis, etc., Potentissimi Monarchæ, Magni Patroni, Magni Commendatoris, etc.,* ORDINIS, *etc., etc., etc.*

Magni Inspectores Supremi Universales in Supremo Concilio habito.

Deliberaverunt, Sancciveruntque infra exarata Decreta, quæ sunt, perpetuoque erunt, eorum CONSTITUTIONES, STATUTA, ET REGULÆ *regendis Consistoriis, aliisque Societatibus Structoriis eorumdem Magnorum Inspectorum jurisdictioni subjectis.*

ART. I.

CONSTITUTIONUM, Statutorum, Regularumque factorum anno

MDCCLXII per novem Delegatos à Magnis Conciliis Principum Structorum a Regio Arcano, articuli omnes qui hisce non adversantur sanctionibus, servantur, et observandi erunt; qui autem adversabuntur, abrogantur, et pro expressè sublatis habentur.

Art. II.

§ I. Gradus XXXIII, iis Structoribus qui eo legitimè ornati sunt, qualitatem, titulum, privilegium, auctoritatemque tribuit Supremorum Magnorum Generalium ORDINIS Inspectorum.

§ II. Eorum missionis peculiare officium est fratres docendi, et illuminandi; caritatem, unionem et fraternum Amorem inter eos conservandi; regularitatem in operibus cujuscumque gradûs servandi, utque ab aliis conservetur curandi; Dogmata, Doctrinas, Instituta, Constitutiones, Statuta, et Regulas ORDINIS, ea præcipue Sublimis Latomiæ, ut observantiâ colantur efficiendi, eaque in occasione qualibet servandi et defendendi; in operibus denique Pacis, et Misericordiæ se ubicumque exercendi.

§ III. Cætus virorum ex eodem gradu, dictus *CONCILIUM TRIGESIMITERTII*, sive Potentium Magnorum Generalium Inspectorum ORDINIS constat, et ordinatus est prout infra.

1° In locis aptis Supremo hujus gradûs Concilio possidendo, illi ex Inspectoribus, qui suâ admissione antiquissimus, per hæc Decreta facultas tribuitur ad eum auctoritatis gradum alium fratrem elevandi, vadem se faciendo, quod is suis charactere, scientiâ, gradibusque id vere promeruerit; electique sacramentum is excipiet.

2° Hi duo simul cumdem gradum alio viro eâdem lege tribuent.

§ IV. Ita Supremum Concilium constabit.

Ex ceteris autem Candidatis, nemo admittetur, nisi omnium suffragiorum puncta tulerit, iis suffragiis ab unoquoque viro vivâ voce latis, incipiendo à ferentium juniore, nempe à nuperrimè omnium adscripto.

Unius ex deliberantibus intercessio, si causa sufficiens judicabitur, candidatum rejiciendi vim habebit. In quàlibet simili occasione hæc lex servabitur.

Art. III.

§ I. In ejusmodi regione, ut supra, qui duo primi in cum gradum cooptati fuerint, primarii duo officiales Supremi Concilii *proprio jure* erunt; scilicet Potentissimus Monarcha, Magnus-Commendator, et Illustrissimus Vicarius-Magnus-Commendator.

§ II. Si eorum primus obeat, abdicet dignitatem, vel e loco, nunquam rediturus, migret, ei succedet secundus; isque in jam suum officium alium Magnum Inspectorem sibi subrogabit.

§ III. Si secundus Magistratus officium dimittit, diem obit, vel perpetuè absens fit, successionem in ejus officium, primus magistratus alteri ejusdem gradûs fratri destinabit.

§ IV. Potentissimus Monarcha pariter eliget Illustrem Ministrum Status Sancti Imperii, Illustrem Cæremoniarum Magnum Magistrum, Illustrem custodiarum Ducem; destinabitque eodem modo viros cæteris muneribus quæ vacua erunt, vel esse poterunt.

Art. IV.

Quisque Structor qui, dotibus, et idoneitate quæ requiruntur, ornatus, in eum Sublimem gradum adscribetur, solvet antea in manibus Illustrissimi Thesaurarii Sancti Imperii, Dotationem *decem Fredericorum aureorum,* sive *veterum aureorum Ludovicorum,* aut quod in monetâ loci tantumdem valeat.

Quando trigesimo gradui, vel trigesimo primo, vel trigesimo secundo aliquis fratrum initiabitur, ab eo pro quolibet gradu eadem pecuniæ summa, iisdem modo et titulo exigetur.

Supremum Concilium ad hanc administrationem advigilabit, summarumque usum pro ORDINIS utilitate diriget.

Art. V.

§ I. Supremum Concilium quodlibet constabit ex novem

Magnis Inspectoribus Generalibus XXXIII gradûs, quorum saltem quatuor, maximè extensam [1] religionem profiteri debebunt.

§ II. Ubi Potentissimus Monarcha Magnus Commendator, et Locum-tenens Magnus Commendator ORDINIS adsint, tribus membris Concilium efficitur, satisque est ad ORDINIS negotia gerenda.

§ III. In Europæ magnâ quâque Natione, unoquoque Regno aut Imperio, unicum Supremum Concilium ejusdem gradûs erit.

In Statibus et Provinciis, ex quibus, tam in Continenti terrâ quam in Insulis septentrionalis America constat, duo erunt Concilia, unum ab altero tam longe sita, quam fieri poterit.

Duo item in Statibus, Provinciisque seu in continenti terrâ, seu in Insulis meridionalem Americam componentibus, duo quoque Concilia erunt, unum ab altero quam fieri poterit remotissima.

Unum tantum erit in quolibet Imperio, Statu Supremo, aut Regno, in Asia, in Africa, etc., etc.

Art. VI.

Supremum Concilium non semper auctoritatem suam directè exercet in gradus subter XVII, seu in *Orientis et Occidentis Equites*. Prout conveniet, et secundùm loca potest eam demandare, idque etiam tacitè; sed suum jus impræscriptibile est; et a qualibet Latomia et a Concilio quolibet perfectorum Structorum cujuscumque gradûs fuerit, præsentes requirunt, ut in trigesimitertii gradus viris, munus Magnorum Generalium ORDINIS Inspectorum agnoscant, illorum prærogativas observent, debitum honorem illis tribuant, iis obediant, denique ut cum fiduciâ postulatis omnibus obsequantur, quæ ab illis fieri poterint, pro ORDINIS commoditate, in vim ejus legum, præsentium Magnarum Constitutionum, munerumque

[1] Catholicam.

iis Inspectoribus propriorum, sive generalium sive specialium, temporalium etiam et personalium.

Art. VII.

Omnia Concilia, Structoresque omnes in gradus supra XVI^m.·. constituti, jus habent Supremum Concilium Supremorum Generalium Inspectorum appellandi; quod permittere poterit appellantes præsto adesse, præsentesque audiri.

Ubi de *honore contentio* sit inter Structores, cujuscumque gradûs sint, causa directe feretur ad Supremum Concilium qui in primâ, eâdemque ultimâ instantiâ judicabit.

Art. VIII.

Magnum Consistorium Principum Structorum a Regis Arcano, trigesimi secundi gradûs virum ex proprio ordine in præsidem sibi eliget; sed quocumque in casu ex ejus Consistorii actis nullam vim habebit nisi prævia sanctione Supremi Concilii XXXIII.·. gradûs, qui Augustæ Majestatis Rege, Potentissimo Monarcha, Commendatore Universali ORDINIS vitâ functo, in Supremâ Structoriâ auctoritate hæres erit, ad eam exercendam in amplitudine Status, Regni, aut Imperii pro quo fuerit instituta.

Art. IX.

In regione subjectâ jurisdictioni Supremi Concilii, Supremorum Generalium Inspectorum debitè constituti *ab aliisque omnibus recogniti,* nullus Supremus Magnus Inspector Generalis, aut Delegatus-Inspector-Generalis, suâ auctoritate uti poterit, nisi ipse ab eodem Supremo Concilio recognitus, approbatusque fuerit.

Art. X.

Nullus Deputatus-Inspector-Generalis seu jam admissus et diplomate insignitus, seu qui juxta hanc Constitutionem in posterum admittetur, poterit singulari suâ auctoritate conferre gradum *Equitis Kadosh,* seu superiorem illi, vel de eâ re Diplomata alicui, quicumque sit, concedere.

Art. XI.

Gradum *Equitis Kadosh,* item XXXI.·. et XXXII.·., non tri-
buentur nisi structoribus, qui eo digni fuerint judicati, præ-
sentibusque saltem tribus Supremis Magnis Inspectoribus
Generalibus.

Art. XII.

In eo puncto temporis in quo Sanctissimo Magnoque Universi
Architecto placebit ad se vocare Augustæ Majestatis Regem,
Potentissimum Supremum Magnum ORDINIS Patronum,
Commendatorem, Verumque Conservatorem, etc., etc., etc.,
unumquodque Supremum Concilium Supremorum Majorum Generalium Inspectorum, seu nunc debitè constitutum et recognitum, seu quod in vim horum Statutorum institutum, recogni-
tumque in posterum fuerit, fiet pleno jure legitimè præditus
totâ illâ Structoriâ auctoritate quam nunc Augusta Majestas
Sua possidet; eâque auctoritate Concilium quodque utetur
cum opus fuerit, et ubicumque, in totâ amplitudine regionis
suæ jurisdictioni subjectæ; cumque vel quoad diplomata, vel
quoad auctoritatem Inspectorum Generalium Deputatorum,
vel quoad aliud, causa ad protestandum de illegalitate emerget,
relatio de hoc fiet, quæ Supremis Conciliis Universis amborum
Emispheriorum mittetur.

Art. XIII.

§ I. Supremum Concilium XXXIII.·. gradûs poterit unum plu-
resve e suis membris Supremis Magnis Inspectoribus Generalibus ORDINIS, Legatos mittere fundatum, constitutum, firma-
tum Concilium ejusdem Gradûs in aliquâ regionum in hisce
Statutis descriptarum; eâ lege ut ii accurate pareant eo quod
in tertio paragrapho præcedentis articuli secundi Decretum
est, aliisque Constitutionis hujus sanctionibus.

§ II. Poterit quoque eisdem Legatis facultatem tribuere
emittendi Diplomata delegantia Deputatis Inspectoribus-Gene-
ralibus (saltem gradibus omnibus Equitis Kadosh regulariter
insignitis), partem plenarum facultatum, ut possint statuere,

dirigere, et observare Latomias, et concilia gradus a IV°, ad XXIX° inclusivè *in locis ubi non erunt Sublimis gradûs* Latomiæ, vel concilia legitimè instituta.

§ III. Rituale manuscriptum Sublimium graduum nemini alio tradetur quam duobus primis cujusque Concilii officialibus, vel fratri qui in aliquam regionem mittetur ut eorumdem Concilium ibi instituat.

Art. XIV.

In qualibet Sublimium graduum cæremoniâ structoriâ, et solemni viorum in iis gradibus constitutorum processu, Supremum Concilium ceteros sequetur, omniumque membrorum ultimi erunt primarii duo Magistratus; hosque Magnum Vexillum, et gladius ORDINIS immediatè præcedent.

Art. XV.

§ I. Supremum Concilium regulariter haberi debet per triduum quo tertium quodque novilunium incipit; frequentius convocabitur, si id negotia ORDINIS postulent eorumque transactio urgeat.

§ II. Ultra magnos solemnesque festos ORDINIS dies, Supremum Concilium quoque anno sibi peculiares tres sacros habebit; nempe Kalendas Octobris, vigesimum septimum Decembris, Kalendasque Majas.

Art. XVI.

§ I. Supremus quisque Inspector-Magnus Generalis ut agnoscatur, privilegiisque XXXIII gradui annexis frui possit, præditus erit Patentibus, et Credentialibus Litteris emissis ad normam præscripti in ejusdem gradûs Rituali; quæ Litteræ ipsi tradentur eâ conditione ut solvat Thesauro S^{ti}.·. Imperii pretium quod Supremum Concilium, unumquodque pro suâ jurisdictione, ubi primum institutum fuerit, taxabit. Solvet item is Magnus Supremus Inspector Generalis Illustri Viro ab epistolis in præmium laboris pro expeditione litterarum, et appositionis

Sigilli unum Fredericum, sive veterem Ludovicum, vel id pecuniæ, quod in monetâ loci tantumdem valeat.

§ II. Quilibet Magnus inspector Generalis habebit insuper suorum actorum codicem, cujus quæque pagina numero distincta sit ; prima insuper atque ultima speciali adnotatione talis esse designabuntur. In eo codice inscribi debebunt Magnæ Constitutiones, Statuta et Generales Regulæ Sublimis Structoriæ Artis.

Inspector ipse tenebitur ad ordinatè describendum in eo omnia sua acta, sub pœna nullitatis, atque etiam interdictionis.

Deputati Inspectoris Generalis ad id, sub pœnis iisdem tenentur.

§ III. Ipsi sibi mutuo ostendent Codices et Diplomata, in iisque mutuo adnotabunt, loca ubi unus alteri occurrerit, et se invicem recognoverint.

Art. XVII.

Majori suffragiorum numero est opus ad tribuendam legalem auctoritatem actis Supremorum Majorum Generalium Inspectorum, in eo loco ubi extet Supremum Concilium XXXIII gradûs, *legitimè institutum et recognitum.* Quapropter, in eâ regione, vel eo territorio qui ab ejusmodi Concilio dependeat, nemo eorum Inspectorum suâ auctoritate singulariter uti poterit, nisi in casu quo ab eodem Supremo Concilio facultatem impetraverit, vel, si Inspector ad aliam jurisdictionem pertineat, non obtinuerit admissionem eo rescripto, quod à formulâ Exequatur nomen habet.

Art. XVIII.

Summæ omnes ad expensas subeundas receptæ *(tributa nempe pro admissione)* quæ titulo initiationis gradibus supra XVI^m.·. ad XXXIII.·. inclusum, exiguntur, mittentur in thesaurum S^ti Imperii, curantibus Præsidibus, et Thesaurariis Conciliorum, Sublimiumque Latomiarum eorumdem graduum, Supremis Magnis Inspectoribus Generalibus, eorumque Deputatis, nec non Illustri viro à Secretis, Illustrique Thesaurario S^ti Imperii.

Earum summarum administratio et usus dirigentur et observabuntur a Supremo Concilio; quod efficiet ut quoque anno rationes fideliter absoluteque ei reddantur; hasque communicari curabit Societatibus omnibus ab eo dependentibus.

DELIBERATUM, ACTUM, SANCITUM in Magno et Supremo Concilio XXXIII gradûs debitè instituto, indicto, atque habito cum probatione et præsentiâ Augustissimæ Majestatis, FREDERICI, nomine secundi, Deo favente, Regis Borussiæ, Margravii Brandeburgi, etc., etc., etc., Potentissimi Monarchæ, Magni Patroni, Magni Commendatoris, Magni Magistri Universalis, Verique Conservatoris ORDINIS.

Kalendis Maji A. L. IↃↃDCCLXXXVI et a Christo nato MDCCLXXXVI.

(Subscriptum) «......*......» — « Stark. » — «......*......» — «......*......» — « H. Willelm. » — « D'Esterno. » — «......*......» — « Woellner. »

Approbatum datumque in nostrâ Regali Residentia Berolini, Kalendis Maji Anno Gratiæ MDCCLXXXVI, Nostrique Regni XLVII.

(L. S.) Subscriptum, FREDERICUS.

---

* Ces *astérisques* (aux pages 51 et 54) désignent les places de quelques signatures devenues illisibles ou qui sont effacées par l'effet du frottement, ou par l'eau de la mer à laquelle l'ampliation originale de ces documents, écrite sur parchemin, a été accidentellement exposée plusieurs fois.

Ce précieux manuscrit est aujourd'hui déposé dans les Archives de l'un des Suprêmes Conseils confédérés ; sa conservation est désormais assurée.

APPENDIX

AD

STATUTA FUNDAMENTALIA MAGNÆQUE CONSTITUTIONES

SUPREMI CONCILII TRIGESIMI TERTII GRADUS.

Art. I.

Vexillum ORDINIS est argenteum [1] circumdatum aureâ fimbriâ, habens in medio bicipitem aquilam nigram, alas tenentem extensas, habentem aureum rostrum, aurea crura, distringensque altero pede aureum capulum, altero ferrum antiqui gladii juxta horizontis directionem jacentis et è dextrâ in sinistram versi; ab hoc gladio pendet latina inscriptio « *Deus, meumque jus* » aureis litteris effecta. Aquila pro corona aureum triangulum, tæniam habet purpuream cum aurea fimbria, aureisque astris.

Art. II.

Insignia distinguentia Supremos Magnos Inspectores Generales sunt :

1° Crux Teutonica rubri coloris, sinistro pectoris lateri affixa ;

2° Major funiculus albus superficie undulatè micante, auro intextus, gerens in anteriori parte aureum triangulum, aureis radiis micans, quod habet in centro, notam XXXIII, atque hinc unum argenteum gladium, inde alterum, ex superioribus lateribus trianguli versus centrum directos; funiculus hic e dextro humero ad lævum progrediens, terminatur acumine cum aureâ fimbriâ, et habente in medio tæniam

---

[1] *Album.*

coccinei [1]. sinopisque [2] coloris, in rotundam formam versa, tenensque communia insignia ORDINIS.

3° Insignia hæc sunt : Aquila similis illi quæ in vexillo est ; coronatur Aquila aureo Borussiæ Diademate.

4° Majora insignia ORDINIS affiguntur supra Crucem teutonicam ; suntque astrum novem habens acumina, utpote effectum tribus aureis triangulis, unum alteri superimpositis et simul intextis. Ex inferiori parte sinistri lateris versus superiorem dextri gladius procedit ; in oppositâ directione est manus quæ *justitiæ* vocatur. In medio, Scutum ORDINIS, cyaneum et in eo Aquila similis illi quæ in vexillo est, habensque in dextro latere auream libram ; et in sinistro aureum circinum, aureæ normæ intextum. Circa totum scutum percurrit fascia cyanea cum aureâ inscriptione latinâ « ORDO AB CHAO » quæ fascia hinc inde comprehenditur duobus circulis effectis ex duobus aureis anguibus unoquoque caudam sibi mordente. Ex minoribus triangulis ab intersectione majorum genitis, ea novem quæ fasciæ propinquiora sunt, rubrum colorem habent, et eorum unumquodque gerit unam ex litteris quæ verbum S. A. P. I. E. N. T. I. A., efficiunt.

5° Tres primi officiales Supremi Concilii gerunt insuper, album balteum (hoc est fasciam) auream fimbriam habentem, et a dextro latere dependentem.

Art. III.

Magnum Sigillum ORDINIS est Scutum argenteum gerens Aquilam bicipitem similem illi quæ in vexillo ORDINIS est, coronotam quidem aureo Borussiæ diademate, super quod est aureum triangulum radians habens in medio notam XXXIII ; etiam potest Aquila aut coronam aut triangulum tantum super se habere.

In inferiori scuti parte, sub alis pedibusque Aquilæ sunt aureæ trigintatres Stellæ in semicirculum dispositæ. Totum

______

[1] *Rubri.*
[2] *Prasinique.*

circumdatum est inscriptione : Supremum Concilium XXXIII gradus in.... »

ACTUM in Supremo Concilio XXXIII gradus, die, mense, annoque ut suprâ.

(Subscriptum) « ....*....... » — «Stark. » — « D'Esterno. »
— « ....*.... » — « H. Willelm. » — « D..... » — « Woellner. »

Approbatum.

(L.-S.)   *Subscriptum*, FREDERICUS.

NOUS soussignés, SS. GG. II. GG., etc., etc., composant le présent Congrès Maçonnique [1], conformément aux dispositions de l'article III du traité en date de ce jour, avons attentivement collationné les copies qui précèdent ci-dessus à l'expédition authentique des véritables *Instituts secrets fondamentaux, Statuts, Grandes Constitutions et Appendices* du 1er mai 1786 (E. V.), dont les ampliations officielles sont déposées et ont été soigneusement et fidèlement conservées dans toute leur pureté parmi les archives de l'Ordre.

[1] Les SS.·. GG.·. II.·. GG.·. faisant parties au traité d'Union, d'Alliance et de Confédération du 26 février 1834. (*Voir* ce traité pag. 53.

NOUS, en conséquence, certifions lesdites copies fidèles et littéralement conformes aux textes originaux desdits documents.

En foi de quoi nous signons ces présentes, ce 15ᵉ jour de la lune d'*Adar*, A. L. 5833; (*vulgo*) le 23 février 1834.

Deus meumque jus.

> Baron FRETEAU de PENNY, 33ᵉ.
> Comte THIEBAULT, 33ᵉ.
> SETIER, 33ᵉ.
> Mⁱˢ de GIAMBONI, 33ᵉ.
> A. C. R. d'ANDRADA, 33ᵉ.
> Luiz de Menᵉˢ-Vasᵒˢ de DRUMMOND, 33ᵉ.
> LAFAYETTE, 33ᵉ.
> Comte de ST-LAURENT, Δ.
> s∴ G∴ I∴ G∴, 33ᵉ.

Par mandement du Congrès :

Le Gr∴ Secrét∴ Gén∴ du Rit, pro tempore,

(*L. S.*)   Charles JUBÉ, 33ᵉ.
> s∴ G∴ I∴ G∴.

Collationné sur l'ampliation authentique déposée dans la caisse à trois clés du Sup∴ Cons∴ de Belgique et autres pays soumis à son obédience.

Bruxelles, le 20ᵉ j∴ du 5ᵉ m∴ sol∴ 5841.

Par mandement :

Le Secrét∴ G∴ du St-Empire,
Fl. LE ROY.

Traduction.

NOUVEAUX INSTITUTS SECRETS

ET FONDAMENTAUX,

DE LA TRÈS ANCIENNE ET VÉNÉRABLE SOCIÉTÉ DES ANCIENS MAÇONS LIBRES
AGRÉGÉS, OU L'ORDRE ROYAL ET MILITAIRE DE LA FRANCHE-MAÇONNERIE.

Nous FRÉDÉRIC, par la grâce de Dieu, Roi de Prusse, Margrave de Brandebourg, etc., etc., etc.

Souverain Grand Protecteur, Grand Commandeur, Grand Maître universel et Conservateur de la très ancienne et vénétable Société des Anciens Maçons libres agrégés, ou l'Ordre Royal et Militaire de la Franche-Maçonnerie.

A tous nos Illustres et Bien-aimés Frères qui ces présentes verront,

TOLÉRANCE, UNION, PROSPÉRITÉ.

Nos convictions, et les devoirs conservateurs et souverains que nous avons contractés envers la très ancienne et respecrable institution connue de nos jours sous le titre de *Franche-Maçonnerie*, de *Fraternité* ou d'*Ordre des Anciens Maçons libres agrégés*, l'ont rendue, comme chacun le sait, l'objet de notre protection et de notre sollicitude spéciale.

Pure dans son dogme et dans ses doctrines fondamentales, sage, prudente et morale dans ses enseignements, ses pratiques, ses vues et ses moyens, cette institution universelle, dont l'origine remonte à celle de la société humaine, se recommande surtout par le but éminemment philosophique, social et philantropique qu'elle s'est proposé : l'*Union, le bonheur, l'avancement et le bien-être de l'humanité en général, et de chaque homme en particulier,* tel est ce but, c'est le seul qui soit digne d'elle, et vers lequel doivent tendre constamment tous ses efforts.

Mais en traversant les âges, son organisation et l'unité de son régime primitif ont éprouvé de graves altérations par l'effet des catastrophes et des grandes révolutions qui ont bouleversé, changé tour-à-tour la face du monde et dispersé les Francs-Maçons sur les divers points du globe, à diverses périodes des temps anciens et modernes.

Cette dispersion opéra les divisions qui existent aujourd'hui sous le nom de *Rites,* et dont l'ensemble compose l'*Ordre.* Mais d'autres divisions sorties du sein de ces premières ont donné lieu à de nouvelles associations dont plusieurs n'ont de commun avec la Franche-Maçonnerie que le nom et quelques formes conservées par leurs fondateurs, pour masquer des vues secrètes, souvent exclusives, quelquefois même dangereuses et presque toujours en opposition aux principes et aux doctrines sublimes et traditionnelles de la Franche-Maçonnerie.

Les troubles que ces nouvelles associations ont apporté et long-temps entretenus dans l'Ordre, sont connus et ne l'ont que trop exposé aux soupçons, à la défiance de presque tous les gouvernements, et même aux persécutions de quelques-uns.

Les efforts des Maçons vertueux sont parvenus à apaiser ces troubles, et tous leurs vœux appellent depuis long-temps une mesure générale qui en prévienne le retour et raffermisse l'Ordre, en lui donnant l'unité de son régime, de son organisation primitive et de son antique discipline.

En accueillant ce vœu, qui est aussi le nôtre depuis notre initiation complète à tous les mystères maçonniques, nous n'avons pu dissimuler, cependant, ni le nombre, ni la nature délicate, ni la grandeur réelle des obstacles que son accomplissement aurait à vaincre. Notre intention tutélaire était d'en méditer les moyens et de concerter avec les Frères les plus influents, et les chefs de la Fraternité dans tous les pays, les mesures qui seraient les plus propres à atteindre ce but utile, sans violer aucune indépendance, ni aucune des véritables libertés maçonniques, particulièrement celle des opinions, qui est la première, la plus susceptible et la plus sacrée de toutes.

Jusqu'à présent nos devoirs plus spéciaux de Monarque et les nombreux et graves événements qui ont marqué le cours de notre règne, ont paralysé nos intentions à cet égard, et nous ont détourné de ce projet. C'est désormais au temps, à la sagesse, aux lumières et au zèle des Frères qui nous succéderont bientôt, comme tout nous l'annonce, à accomplir cette œuvre belle et grande, autant que nécessaire. Nous leur léguons cette tâche et leur recommandons d'y travailler sans relâche, mais avec prudence et douceur.

Toutefois, les nouvelles et pressantes représentations qui nous ont été adressées de toutes parts, dans ces derniers temps, nous démontrent l'urgence qu'il y a d'opposer une digue puissante aux progrès de l'esprit d'intolérance, de secte, de schisme et d'anarchie que des novateurs récents s'efforcent d'introduire parmi les Frères, dans des vues plus ou moins restreintes, irréfléchies ou blâmables, et présentées sous des formes spécieuses, capables de détourner la vraie Maçonnerie de son but, en la dénaturant, et d'arriver ainsi à l'avilissement et à l'anéantissement de l'Ordre.

Nous reconnaissons nous-même cette urgence, par ce qui se passe aujourd'hui dans des États voisins de notre monarchie.

Ces raisons et *d'autres considérations d'une gravité non moins importante,* nous portent donc à réunir et à agglomérer en un seul corps maçonnique tous les Rites du Régime Écossais, dont les doctrines sont généralement reconnues pour être les plus identiques à celles de l'institution *primitive,* dont le but est le même et qui, étant les branches principales d'un même arbre, ne diffèrent entre eux que par des points de formes déjà aplanis entre plusieurs, ou qu'il est facile de concilier. Ces

Rites sont ceux connus sous les dénominations d'*Ancien*, d'*He-redom* ou *Hairdom de Killwening*, d'*Orient de St-André*, des *Empereurs d'Orient et d'Occident, Princes de Royal Secret*, ou de la *Perfection philosophique*, et le Rit très moderne, dit *primitif*.

. En conséquence, en adoptant pour base de notre réforme conservatrice, le titre du premier de ces Rites et le nombre des degrés hiérarchiques du dernier, nous les déclarons tous unis et agglomérés dès ce jour dans un seul *Ordre* qui, en professant le dogme et les doctrines pures de la Franche-Maçonnerie primitive, comprendra tous les systèmes de l'Écossisme, combinés sous le titre de *Rit Écossais ancien accepté.* L'instruction maçonnique s'y donnera dans trente-trois grades ou degrés, partagés en sept Temples ou classes, par lesquels tout Maçon sera tenu de passer successivement, avant de parvenir au plus sublime et dernier; et dans chaque grade, il subira les temps et examens d'épreuves exigés par les Instituts, Statuts, les anciens et nouveaux Réglements de l'Ordre et de la *Perfection*.

Le premier degré sera soumis au second, le second au troisième et ainsi de suite, jusqu'au plus élevé (le 33ᵉ et dernier) lequel surveillera, contrôlera et commandera tous les autres, et dont l'assemblée ou chapitre sera le Grand Conseil souverain dogmatique, Protecteur et Conservateur de l'Ordre qu'il gouvernera, régira et administrera en vertu des présentes et des constitutions qui seront immédiatement faites.

Tous les degrés des Rites ci-dessus agglomérés, du premier au dix-huitième, seront classés à leurs rangs correspondants, et d'après leur analogie ou leur similitude dans ceux de la Perfection, et formeront les dix-huit premiers degrés du Rit ancien accepté; le 19ᵉ du Rit primitif sera le 20ᵉ de l'Ordre, les 20ᵉ et 23ᵉ Grades de la Perfection ou 16ᵉ et 24ᵉ du Rit primitif seront les 21ᵉ et 28ᵉ de l'Ordre; les Princes de Royal Secret prendront rang au 32ᵉ degré, sous les Souverains Grands Inspecteurs-Généraux, 33ᵉ et dernier degré de l'Ordre; les 31ᵉ seront les Grands Juges Commandeurs; les Grands

Commandeurs Grands Élus Chevaliers Kadosch formeront le 30e degré; les **23, 24, 25, 26** et **29**e seront les Chefs du Tabernacle, Princes du Tabernacle, Chevaliers du Serpent d'Airain, Princes de Merci, Grands Commandeurs du Temple, et Grands Écossais de St-André.

Tous les hauts degrés desdits régimes Écossais agglomérés seront pareillement classés à leurs rangs correspondants et d'après leur analogie ou leur identité dans ceux du Rit Écossais ancien et accepté.

Mais jamais, ni sous aucun prétexte, aucun de ces hauts degrés ne pourra être assimilé au trente-troisième et sublime Grade de Souverain Grand Inspecteur-Général, Conservateur de l'Ordre et dernier du susdit Rit Écossais ancien et accepté. Aucun ne pourra, dans aucune occasion, jouir des mêmes droits, prérogatives, priviléges ou pouvoirs dont nous l'investissons.

Ainsi l'instituons, en vertu de nos pouvoirs Souverains et Conservateurs.

Et pour que ce soit chose stable et ferme, mandons à tous nos très chers bien-aimés, vaillants et sublimes Chevaliers et Princes Maçons d'y tenir la main.

Donné en notre Résidence Royale de Berlin, le premier jour du mois de mai en l'an de grâce 1786 et de notre règne le 47e.

(Signé) FRÉDÉRIC.

Constitutions et Statuts

DES GRANDS ET SUPRÈMES CONSEILS DES SOUVERAINS GRANDS-INSPECTEURS GÉNÉRAUX, PROTECTEURS, CHEFS ET CONSERVATEURS DE L'ORDRE, 33e ET DERNIER DEGRÉ DU RIT ÉCOSSAIS ANCIEN ET ACCEPTÉ, ET

RÉGLEMENT

POUR LE GOUVERNEMENT DE TOUS LES CONSISTOIRES, CONSEILS, COLLÉGES, CHAPITRES ET AUTRES ASSOCIATIONS MAÇONNIQUES SOUMIS A LEUR JURIDICTION.

AU NOM DU TRÈS SAINT ET GRAND ARCHITECTE DE L'UNIVERS.

ORDO AB CHAO.

De l'agrément, en présence et avec la sanction de Sa Très Auguste Majesté. Frédéric (Charles), second du nom, par la grâce de Dieu, Roi de Prusse, Margrave de Brandebourg, etc.

Très Puissant Souverain Grand Protecteur, Grand Commandeur et Grand Maître universel et Conservateur de l'Ordre, etc.

Les Souverains Grands Inspecteurs-Généraux de l'Ordre, 33e et dernier degré du Rit Ecossais ancien et accepté, en Suprême Conseil assemblés.

Ont délibéré et arrêté les dispositions suivantes qui sont, et seront à perpétuité leurs Constitutions, Statuts et leur Règle pour gouverner les Consistoires, Conseils et autres Sociétés maçonniques soumises à leurs juridictions.

Art. 1er. Tous les articles des Constitutions, Statuts et Réglements faits en 5762, par les neuf Commissaires du Grand Conseil des Princes Maçons de Royal Secret. qui ne sont point contraires aux dispositions des présentes, sont maintenus et continueront d'être observés; les dispositions contraires sont et demeurent expressément abrogées.

ART. 2. § I. Le trente-troisième Grade confère au Franc-Maçon qui a l'honneur d'y être admis légalement, les qualités, titres, priviléges et pouvoirs de Souverain Grand Inspecteur-Général de l'Ordre.

§ II. Sa mission est spécialement d'instruire, d'enseigner et d'éclairer les Frères;

D'entretenir entre eux la charité, l'union et l'amour fraternel, de maintenir, de faire observer la régularité dans les travaux de tous les degrés, de faire respecter, de maintenir et défendre en toute occasion, les dogmes, les doctrines, les instituts, constitutions, statuts et réglements de l'Ordre, et particulièrement ceux de la Maçonnerie Sublime; enfin, de pratiquer en tous lieux des œuvres de paix et de miséricorde.

§ III. L'assemblée de ce Grade, nommée Suprême Conseil du 33e degré ou des Puissans Souverains Grands Inspecteurs-Généraux de l'Ordre, est formée et organisée comme il suit :

1° Dans les pays qui ont le droit de posséder un Suprême Conseil de ce Grade, l'Inspecteur le plus ancien reçu, est par ces présentes, autorisé à le conférer à un autre frère, dont il répondra comme en étant vraiment digne par son caractère, son savoir et ses Grades et dont il recevra le serment.

2° Ces deux ensemble le donneront sous les mêmes conditions et de la même manière à un troisième.

§ IV. Le Suprême Conseil sera ainsi formé.

Les autres candidats n'y seront admis qu'à l'unanimité des suffrages, donnés de vive voix par chacun des Membres, en commençant par le plus jeune ou dernier reçu.

Une seule opposition suffira pour exclure un candidat proposé, si les motifs en sont jugés suffisants, et il en sera de même dans toutes les occasions semblables.

ART. 3. § I. Dans un tel pays, les deux plus anciens reçus dans ce Grade, seront *de jure* les deux premiers Officiers du Suprême Conseil, c'est-à-dire, le Très Puissant Souverain Grand Commandeur et le Très Illustre Lieutenant Grand Commandeur.

§ II. Dans le cas où le premier décéderait, résignerait sa dignité ou s'absenterait du pays pour n'y plus revenir, le second lui succèdera et nommera un autre Grand Inspecteur-Général pour occuper la sienne propre.

§ III. Si c'est le second officier qui résigne, décède ou quitte le pays pour toujours, le premier nommera un autre Frère du même Grade pour lui succéder.

§ IV. Le Très Puissant Souverain Grand Commandeur, nommera de la même manière l'Ill.·. Secrétaire, l'Ill.·. Trésorier, l'Ill.·. Ministre d'État du St-Empire, l'Ill.·. Grand Maître des Cérémonies, l'Ill.·. Capitaine des Gardes, et remplira ainsi toutes les autres vacances qui auront lieu ou pourront survenir.

Art. 4. Tout Franc-Maçon ayant les qualités et capacités voulues et qui sera reçu dans ce Sublime Grade, versera d'avance, entre les mains de l'Ill.·. Trésorier du St-Empire, une dotation de la somme de dix Frédérics d'or ou Louis d'or vieux, ou l'équivalent en la monnaie du pays.

La même somme sera exigée de la même manière et au même titre de chacun des Frères qui seront initiés à chacun des trentième, trente-unième et trente-deuxième degrés.

Le Suprême Conseil surveillera l'administration et réglera l'emploi de ses dotations dans l'intérêt de l'Ordre.

Art. 5. § I. Chaque Suprême Conseil sera composé de neuf Souverains Grands Inspecteurs-Généraux, trente-troisième degré, dont quatre au moins devront professer le culte le plus répandu.

§ II. Si le Très Puissant Souverain Grand Commandeur et l'Ill.·. Lieutenant Grand Commandeur sont présents, trois Membres forment le Conseil et le rendent assez complet pour procéder aux affaires de l'Ordre.

§ III. Il n'y aura qu'un Suprême Conseil de ce Grade dans chaque Nation, Royaume ou Empire en Europe.

Il y en aura deux aussi éloignés que possible l'un de l'autre, pour les États, Continents, Provinces, et Iles composant l'Amérique septentrionale.

Il en sera établi deux aussi pour les États, provinces, Continents et Iles composant l'Amérique méridionale, lesquels seront pareillement aussi éloignés que possible l'un de l'autre.

Il n'y en aura qu'un seul pour chaque Empire, État Souverain ou Royaume en Asie ou en Afrique, etc., etc.

Art. 6. Le Suprème Conseil n'exerce pas toujours son autorité sur les Grades inférieurs au dix-septième ou Chevalier d'Orient et d'Occident : selon les convenances et les localités, il peut la déléguer, même tacitement, mais son droit est imprescriptible, et chaque Loge ou Conseil de Parfait Maçon, de quelque degré que ce soit, est ici requis de reconnaître les membres du trente-troisième degré, en leur qualité de Grands Inspecteurs-Généraux de l'Ordre, de respecter leurs prérogatives, de leur rendre les honneurs qui leur sont dûs, de leur obéir, et de déférer avec confiance à toutes les réquisitions qu'ils pourraient faire dans l'intérêt de l'Ordre, en vertu de ses lois, des présentes Grandes Constitutions et de leurs attributions, soit générales, soit spéciales, personnelles ou temporaires.

Art. 7. Tout Conseil ou Maçon des Grades supérieurs au seizième peuvent porter leur appel au Suprème Conseil des Souverains Grands Inspecteurs-Généraux, qui pourra consentir à ce qu'ils comparaissent et soient entendus en personne.

En matière de point d'honneur, entre les Maçons de tous les degrés, la cause sera portée directement au Suprème Conseil qui la jugera en premier et dernier ressort.

Art. 8. Le Grand Consistoire des Princes Maçons du Royal Secret, trente-deuxième degré, élira un de ses membres pour le présider, mais, dans aucun cas, ses actes ne seront valides qu'après avoir été sanctionnés par le Suprème Conseil du trente-troisième degré qui, au décès de Sa Très Auguste Majesté le Roi, Très Puissant Souverain Grand Commandeur Universel de l'Ordre, etc., etc., etc., héritera de sa Souveraine Autorité Maçonnique, pour l'exercer dans toute l'étendue de l'État, Royaume ou Empire pour lequel il aura été institué.

Art. 9. Aucun Souverain Grand Inspecteur-Général ou Député Inspecteur-Général, ne pourra user de ses pouvoirs

dans un pays soumis à la juridiction d'un Suprême Conseil
de Souverains Grands Inspecteurs-Généraux, dûment établi et
reconnu par tous les autres, à moins d'être reconnu et approuvé par ledit Suprême Conseil.

ART. 10. Aucun Député Inspecteur-Général, ci-devant reçu
et patenté, ou qui le serait à l'avenir, en vertu de la présente,
ne pourra individuellement donner le Grade de Chevalier
Kadosch, ni les Grades au-dessus, ni en délivrer des certificats
à qui que ce soit.

ART. 11. Le Grade de Chevalier Kadosch, le trente-unième
et le trente-deuxième degrés ne seront jamais donnés qu'à des
Maçons qui en seront reconnus dignes, et seulement en présence d'au moins trois Souverains Grands Inspecteurs-Généraux.

ART. 12. Dès le moment où il aura plu au Très Saint et Grand
Architecte de l'Univers d'appeler à lui Sa Très Auguste Majesté
le Roi Très Puissant Souverain Grand Protecteur, Grand
Commandeur, Vrai Conservateur de l'Ordre, etc., etc., etc. ;
chaque Suprême Conseil des Souverains Grands Inspecteurs-
Généraux, dûment établi et reconnu, et ceux qui le seront à
l'avenir, en vertu des présentes, seront de plein droit légalement investis de tous les Souverains Pouvoirs Maçonniques
dont Sa Très Auguste Majesté est maintenant revêtue. Ils les
exerceront en toute occasion dans l'étendue de leurs juridictions respectives, et lorsqu'il y aura lieu à protester contre
l'illégalité des patentes et pouvoirs des Députés Inspecteurs-
Généraux, ou contre toute autre illégalité, une enquête sera
faite, et l'information sera adressée à tous les Suprêmes Conseils
des deux Hémisphères.

ART. 13. § I. Le Suprême Conseil du trente-troisième degré
pourra députer un ou plusieurs de ses Membres, Souverains
Grands Inspecteurs-Généraux de l'Ordre, pour aller fonder,
constituer et établir un Conseil du même degré, dans quel-
qu'une des contrées désignées aux présentes, à charge par ces
Députés de se conformer strictement au troisième paragraphe
de l'art. 2 et autres de la présente Constitution.

§ II. Il pourra également donner à ces Députés le pouvoir d'accorder des patentes portant la faculté de déléguer quelques pleins pouvoirs à des Députés Inspecteurs-Généraux (qui devront avoir régulièrement reçu au moins le Grade de Chevaliers Kadosch), à l'effet d'établir, régler et contrôler des Loges et Conseils des Grades supérieurs, depuis le quatrième jusqu'au ving-neuvième inclusivement, dans les pays où il n'y aura pas de Loges Sublimes, ou de Conseil légalement établi.

§ III. Le rituel manuscrit des Grades Sublimes ne sera donné à aucun autre qu'aux deux premiers Officiers de chaque Conseil, ou à un Frère ayant mission d'aller établir un Conseil desdits Grades, dans un pays quelconque.

ART. 14. Dans toutes les Cérémonies Maçonniques et processions des Grades sublimes, le Suprême Conseil marchera le dernier, ses deux premiers Officiers viendront après tous ses Membres et seront toujours précédés immédiatement par le Grand Étendart et l'Épée de l'Ordre.

ART. 15. § I. Le Suprême Conseil s'assemblera régulièrement du premier au troisième jour de chaque troisième Néoménie. Il le fera plus souvent si les affaires de l'Ordre le requièrent et qu'il y ait urgence de les expédier.

§ II. Indépendamment des grandes fêtes solennelles de l'Ordre, chaque année le Suprême Conseil en célébrera trois spécialement aux époques ci-après, savoir : le 1er octobre, le 27 décembre et le 1er mai.

ART. 16. § I. Pour être reconnu et jouir des priviléges attachés au trente-troisième degré, chaque Souverain Grand Inspecteur-Général sera muni de ses lettres patentes et de créances, lesquelles seront expédiées dans la forme déterminée au Rituel de ce Grade ; la délivrance lui en sera faite à charge par lui, de déposer au Trésor du St-Empire, le droit qui sera fixé par chaque Suprême Conseil, aussitôt son installation, et qui ne pourra varier. Il paiera, en outre, à l'Ill.·. Secrétaire, un Frédéric d'or, ou l'équivalent en la monnaie du pays, pour sa peine d'expédition et apposition des sceaux.

§ II. Chaque Grand Inspecteur-Général aura de plus, son

registre coté et paraphé par premier et dernier feuillet, dans lequel seront inscrits les Grandes Constitutions, les Instituts, les Statuts et Règlements Généraux de la Sublime Maçonnerie ; il est tenu d'y noter successivement toutes ses opérations, sous peine de nullité et même d'interdiction.

Les Députés Inspecteurs-Généraux sont soumis à la même obligation, sous les mêmes peines.

§ III. Ils se communiqueront et viseront réciproquement leurs registres et patentes, partout où ils se rencontreront et se reconnaîtront.

Art. 17. La majorité des voix est nécessaire pour donner la sanction légale aux actes des Souverains Grands Inspecteurs-Généraux, dans tout pays où il existe un Suprême Conseil du trente-troisième degré, dûment établi et reconnu. En conséquence, nul d'entre eux ne pourra se prévaloir de ses pouvoirs, ni en faire usage individuellement, dans un tel pays ou dans un territoire qui en dépend, à moins qu'il n'y soit autorisé par ce Suprême Conseil ou qu'il ne soit muni de son Exéquatur spécial, s'il appartient à une autre juridiction.

Art. 18. Toutes les sommes reçues à titre de dotations dites *Droit de réception*, pour initiations dans les degrés supérieurs au seizième jusques et y compris le trente-troisième inclusivement, seront réunies au Trésor du St-Empire, à la diligence des Présidents et Trésoriers des Conseils et Loges Sublimes de tous ces degrés, à celle des Souverains Grands Inspecteurs-Généraux et de leurs Députés, ainsi que de l'Ill.·. Trésorier du St-Empire.

L'administration et l'emploi de ces fonds seront réglés et surveillés par le Suprême Conseil. Il s'en fera rendre annuellement un compte fidèle et général, qu'il fera communiquer à toutes les associations de son ressort.

Délibéré, fait et arrêté dans le Grand et Suprême Conseil du trente-troisième degré, dûment institué, convoqué et assemblé de l'agrément et en présence de Sa Très Auguste Majesté Frédéric Second de nom, par la grâce de Dieu, Roi de Prusse, Margrave de Brandebourg, etc., etc., Très Puissant Souverain Grand Protecteur, Grand Commandeur, Grand Maitre Universel et Vrai Conservateur de l'Ordre, etc., le premier Mai cinq mil sept cent quatre-vingt-six. *Signé*, STARK..... N..... N....., H. WILLELM, DE WOELLNER.

Approuvé et donné en notre résidence royale de Berlin, le premier Mai de l'An de Grâce 1786, et de notre règne, le 47ᵉ.

(Signé) FRÉDÉRIC.

APPENDICE

DES INSTITUTS FONDAMENTAUX ET GRANDES CONSTITUTIONS DU SUPRÊME CONSEIL DU 33ᵉ DEGRÉ.

ART. 1ᵉʳ. La bannière de l'Ordre est d'argent (*blanc*) frangée d'or au pourtour, chargée au centre de l'aigle biceps éployée de sable, becqué et membré d'or, tenant dans ses serres une épée antique garnie de même, posée en face de dextre à senestre, à laquelle append une devise chargée des mots *Deus meumque Jus,* écrits en lettres d'or, l'aigle couronné de la gloire d'or, cravaté de pourpre, frangée d'or, étoilée de même.

ART. 2. Les insignes des Souverains Grands Inspecteurs-Généraux sont :

1° La Croix Teutonique émaillée de gueule, portée sur le sein gauche.

2° Le Grand Cordon blanc moiré, liseré d'or, chargé sur le devant d'une gloire rayonnante d'or, timbrée au centre du chiffre 33, accompagnée à dextre et à senestre de deux poignards d'argent contrepointés vers le centre de la gloire. Ce

cordon, porté de gauche à droite, est terminé en pointe frangée d'or, chargé au centre d'une cocarde sinople et de gueule
supportant le Bijou de l'Ordre.

3° Ce Bijou est l'Aigle pareille à celle de l'Étendart, couronné de la couronne royale de Prusse.

4° La plaque de l'Ordre se porte au-dessus de la Croix Teutonique. C'est une Étoile à neuf pointes rayonnantes d'argent,
formée de trois triangles entrelacés d'or, traversée d'une main
de justice et d'une épée de même, posée en sautoir sur le tout,
l'Écu de l'Ordre émaillé d'azur à l'Aigle pareille à celle de
l'Étendart, accompagné à dextre d'une balance d'or, à senestre d'une équerre et d'un compas, entrelacés de même.
Autour de l'Écu, une bordure d'azur chargée de la devise *Ordo
ab Chao*, en lettres d'or, encerclés de deux serpents espacés
d'or, se mordant la queue et accostés de neuf petits triangles émaillés de pourpre chargés chacun de l'une des lettres
S. A. P. I. E. N. T. I. A.

5° Les trois premiers Officiers du Suprême Conseil portent,
en outre, une écharpe blanche en ceinture, frangée d'or,
pendante à gauche.

ART. 3. Le Grand Sceau de l'Ordre, porte d'argent à l'Aigle
biceps, pareille à celle de la bannière, couronné de la couronne d'or de Prusse, surmonté de la gloire rayonnante de
même, ou seulement de l'un des deux, chargée au centre du
chiffre 33°.

Aux limbes du champ, sont posées en croissant sous les
ailes et les pieds de l'Aigle, trente-trois étoiles d'or, le tout
encerclé de la devise *Suprême Conseil du 33° degré du rit écossais anc∴. et accepté, pour l........*

Donné en Suprême Conseil, du trente-troisième degré, les
jour, mois et an *ut supra. Signés,* N. STARK...... N..... N......
H. WILLELM, DE WOELLNER.

APPROUVÉ :   (*Signé*) FRÉDÉRIC.

Nota. Le traité qui suit a été imprimé dans l'idiome des parties contractantes, savoir : *anglais, espagnol, portugais* et *français,* en une seule édition petit in-fol.

TRAITÉ

D'UNION, D'ALLIANCE ET DE CONFÉDÉRATION

MAÇONNIQUE.

A LA GLOIRE, AU NOM ET SOUS LÉS AUSPICES

DU GRAND ARCHITECTE DE L'UNIVERS.

Ordo ab Chao.

LES GR.˙. ET SUP.˙. CONSEILS

DU 33ᵉ ET DERNIER DÉGRÉ DU RIT-ÉCOSSAIS-ANCIEN-ACCEPTÉ,

CI APRÈS-NOMMÉS :

Aux Puissances-Maçon.˙. légalement établies et reconnues ;

Aux Vrais, Fid.˙. et Fr.˙.-Maç.˙.-Écos.˙. rég.˙. de tous les DEG.˙. ANC.˙. et MOD.˙. ;

Aux Vrais-Maçons de tous les Rites réguliers, répandus sur la surface du globe.

VERTU,

SANTÉ,　　　　TOLÉRANCE,

FERMETÉ, CONCORDE, PERSÉVÉRANCE, POUVOIR.

SAVOIR FAISONS, que :

Sur la demande expresse et formelle des T.˙. Ill.˙. et Puissants Souverains Grands Inspecteurs-Généraux de l'Ordre, 33ᵉ et dernier dégré du Rit Écossais ancien et accepté, Grands Représentants investis des pleins pouvoirs du Suprême Conseil pour l'Empire du Brésil, des Puissants Souv.˙. Grands Inspecteurs-Généraux, Chefs, Protecteurs, et Vrais Conservateurs de l'Ordre, 33° et dernier degré du Rit Écossais ancien et accepté, dûment accrédités près le Suprême Conseil pour la France.

Tendante à ce qu'il soit pris en commun entre toutes les Puissances du Rit Écossais ancien et accepté, dûment établies et reconnues, des mesures promptes, pour mettre un terme aux nombreux abus qui se sont introduits dans l'Ordre, et qui menacent l'existence de ce rit;

Nous soussignés,

1° Antonio-Carlos RIBÉIRO DE ANDRADA, Machado da Silva, Gentilhomme Brésilien, Grand Cordon de l'Ordre Impérial de la Croix du Sud, Chevalier de l'Ordre du Christ, ancien Conseiller à la Cour Royale de Bahia, ancien Député des Cortès Constitutionnelles du Portugal, et de l'Empire du Brésil, Souv∴ Gr∴ Insp∴ Gén∴ 33° degré, Lieutenant Grand Commandeur du Suprême Conseil pour l'Empire du Brésil, séant à Rio-de-Janeiro.

Et Luiz de Menezes Vasconcellos de DRUMMOND, gentilhomme Brésilien, Chevalier de l'Ordre du Christ, ancien Directeur des douanes de Rio-de-Janeiro, Souv∴ Gr∴ Insp∴ Gén∴ 33° degré, Gr∴ Trésorier du St-Empire pour le Brésil.

Tous deux Grands Représentants de ce Suprême Conseil, près le Suprême Conseil pour la France et munis de pleins pouvoirs en bonnes et dues formes.

2° Marie-Antoine-Nicolas-Alexandre-Robert de Jachim, de Ste-Rose de Roume, de St-Laurent (Marquis de Ste-Rose, Cte de St-Laurent), ancien capitaine de Vaisseau, et Chef de division de la Marine Mexicaine, etc., etc., etc.; Souv∴ G∴ I∴ Gén∴ 33°, T∴ Puis∴ Souv∴ Grand Commandeur adjoint, *ad vitam*, du Suprême Conseil uni pour l'Hémisphère Occidental, solennellement et légalement formé des anciens Suprêmes Conseils de la nouvelle Espagne de terre ferme et Amérique Méridionale de l'une et l'autre mer, Isles Canaries, etc., etc., etc., et de l'ancien Suprême Conseil des États-Unis de l'Amérique Septentrionale, séant à New-Yorck. Grand Représentant ordinaire et extraordinaire, Grand Député, Général et Spécial de cette Puissance, près et vers toutes les Puissances Maçonniques légalement établies sur les deux hémisphères.

Et Gilbert Mottié, Marquis de LAFAYETTE, Lieutenant-Général des armées françaises, membre de la Représentation Nationale, etc., etc., etc., P.˙. M.˙. Souv.˙. G.˙. I.˙. Gén.˙. 33° degré, Grand Dignitaire honoraire et Grand Représentant ordinaire du même Sup.˙. Cons.˙. Uni pour l'Hémisphère Occidental près le Sup.˙. Cons.˙. de France.

Tous deux munis de pleins pouvoirs et Lettres de Créances en bonnes et dues formes de cette Puissance.

3° Et la Commission Administrative du Sup.˙. Cons.˙. pour la France, des Souv.˙. et Puiss.˙. Gr.˙. Insp.˙. Gén.˙. 33ᵉ degré, Chefs, Conservateurs et vrais Protecteurs de l'Ordre, 33ᵉ et dernier degré du Rit Écossais ancien et accepté ; ladite Commission, présidée par le T.˙. Ill.˙. F.˙. baron FRÉTEAU de PENY (Emmanuel-Jean-Baptiste), conseiller à la Cour de Cassation, Membre de la Légion d'Honneur, etc., etc., Souv.˙. G.˙. Insp.˙. Gén.˙. 33ᵉ degré, Lieutenant Gr.˙. Commandeur, *ad vitam,* de ce Sup.˙. Cons.˙., légalement autorisé à l'objet des présentes, par le décret du 29 juillet 1824, et par délégation spéciale des T.˙. Ill.˙. et Puiss.˙. Souv.˙. Grand Commandeur, Duc de CHOISEUL-STAINVILLE (Antoine-Gabriel), Pair de France, Lieutenant-Général des armées françaises, Aide-de-Camp du Roi, Gouverneur du Louvre et Grand-Officier de la Légion-d'Honneur.

Tous assistés des T.˙. Ill.˙. F.˙. JUBÉ (Charles-Nicolas), Maréchal-de-Camp, en retraite, Officier de la Légion d'Honneur, etc., etc., P.˙. M.˙. Souv.˙. G.˙. I.˙. Gén.˙. 33ᵉ degré, Membre du Sup.˙. Cons.˙. pour la France, et Grand Secrétaire, Chef du Secrétariat-Général du Rit, participant aux présentes de notre unanime consentement, comme Grand Secrétaire-Général du rit, *pro tempore.*

AU NOM

DE NOS PUISS.·. MAÇONN.·. RESPECTIVES

SUSDITES :

Nous nous sommes réunis sous la voûte céleste du Zénith, au point central et vertical, correspondant au 48° 50′ 14″ latitude nord et 20° longitude du Méridien de Paris, à l'Or.·. du monde, dans un lieu très éclairé, très fort et très saint près du B.·. Ar.·., ce 15ᵉ jour de la lune d'Adar, 12ᵉ mois, sous le signe des Poissons, *anno lucis* 5833, et de l'ère chrétienne, le 23 février 1834.

Après nous être mutuellement communiqué nos pleins pouvoirs, les avoir mûrement examinés, reconnus suffisants et les avoir échangés :

Nous nous sommes constitués et formés en Congrès Maçonnique ;

Et considérant, qu'il importe au maintien, à la stabilité et à la dignité de l'Ordre Maçonnique, et du Rit Écossais ancien et accepté, d'opposer une digue puissante à l'irruption des abus qui s'y sont introduits et de le rétablir dans sa pureté primitive ;

Prenant pour base de nos délibérations et de nos résolutions, les points principaux ci-après, des doctrines antiques et imprescriptibles de l'Ordre et de l'Écossisme principalement,
Savoir :

1° La Franche-Maçonnerie est un culte universel ayant pour objet Dieu, la Vertu, et qui se partage en différents Rites reconnus et approuvés.

Sortis d'une source commune, ces Rites, quoique divers, tendent au même but :

Adoration du Grand Arch.·. de l'Univers, Philosophie, Morale, Bienveillance envers les hommes ; voilà tout ce qu'un Vrai Maçon doit étudier sans cesse et s'efforcer constamment de pratiquer.

Ce culte est essentiellement tolérant, et chaque Maçon est libre dans le choix du Rit qu'il veut professer.

2° Tous les Vrais Maçons, quels que soient leur Patrie ou leurs Rites, ne forment qu'une seule famille de Frères, répandus sur la surface de la terre.

Ils composent un Ordre qui a ses dogmes, et qui est régi par des lois générales et des statuts fondamentaux.

Tous les Maçons, à quelque Rit qu'ils appartiennent, sont tenus de respecter et d'observer ces lois et statuts.

3° La diversité des Rites entraîne nécessairement la diversité des Puissances qui les régissent, car chaque Rit est indépendant de tous les autres.

4° Attenter à l'indépendance d'un Rit, c'est attenter à l'indépendance de tous les autres, c'est établir un schisme, c'est troubler l'Ordre entier.

5° L'action de la Puissance, soit dogmatique, soit administrative d'un Rit, ne peut légalement s'étendre que sur les Maçons de ce même Rit, soumis à la juridiction de cette Puissance : elle n'a d'autorité sur eux, qu'autant que cette autorité ne dépasse pas les limites tracées par les Lois fondamentales de l'Ordre, et elle ne peut rien leur prescrire de contraire à ces loix.

6° Fidèle avant tout, et dévoué à sa Patrie, soumis aux Lois et aux Institutions qui la régissent, le Vrai Maçon met ensuite au nombre de ses devoirs les plus sacrés, l'accomplissement des serments qui le lient à son Rit, à la Loge, où il a reçu la Lumière, et à la Puissance Maçonnique dont il tient ses pouvoirs.

Il ne peut être relevé de ses obligations que par la Puissance envers laquelle il les a contractées, et conformément aux Lois Maçonniques qu'il a juré d'observer et respecter. *Lois sans lesquelles il n'existerait pas de Maçonnerie.*

7° Toute tentative dont le but serait de contraindre un Maçon par voie de persécution ou de violence à quitter le Rit auquel il est attachée, est déclaré contraire à l'esprit et aux Lois générales de la Maçonnerie.

8° Chaque Puissance Maçonnique gouverne par ses Statuts généraux, les Ateliers de son Rit, situés dans les limites de sa juridiction territoriale, ou établis par elle ou avec son consentement dans des contrées où il n'existe encore aucune Puissance de ce même Rit.

9° La Puissance qui régit uu Rit dans une juridiction territoriale reconnue, est souveraine et indépendante dans toute l'étendue de ce territoire, sauf le respect dû aux Lois générales de la Maçonnerie et aux Statuts fondamentaux du Rit.

10° Toutes les Puissances Maçonniques, quels que soient leurs Rites, sont soumises aux Lois générales de l'Ordre : ce sont des rayons qui tendent à un centre commun par l'unité des sentiments et des principes.

11° L'objet de l'établissement des Loges, est de travailler au but de l'Ordre.

Celui de la Puissance dogmatique est de leur enseigner la doctrine, et de diriger leurs actions par la pureté du dogme, et par l'observation des Instituts et Statuts fondamentaux de l'Ordre.

Elle l'atteint en assurant aux Ateliers de sa juridiction une Constitution légale, en régularisant les travaux du Rit qu'elle professe, en maintenant l'harmonie, les bonnes mœurs, et l'union dans ces Ateliers et parmi les Maçons qui les composent.

12° Toute puissance Maçonnique, régulièrement et légalement constituée, dûment reconnue et investie de la plénitude du pouvoir dogmatique d'un Rit, pour une circonscription territoriale quelconque, a incontestablement et seule le droit de constituer et régir les Ateliers de ce Rit dans toute l'étendue de sa domination.

Mais ce droit ne peut jamais donner à cette Puissance celui d'exclure, de défendre ou d'empêcher une Puissance d'un autre Rit, même d'un Orient étranger, d'accorder aux Maç∴ qui le sollicitent d'elle, dans les formes prescrites, les Chartes nécessaires pour établir régulièrement soit des Loges, soit des Chap∴, soit même une Puiss∴ de ce Rit dans l'étendue de la même circonscription territoriale.

13° Et en ce qui concerne particulièrement le Rit Écossais ancien et accepté, que professent les parties contractantes,

Qu'il ne peut exister qu'une seule Puissance dogmatique ou Sup.·. Cons.·. du 33ᵉ dégré de ce Rit, dans une même circonscription territoriale ;

Qu'une telle puissance, établie pour une circonscription territoriale, y est juge compétente du *point d'honneur*, entre les Maçons soumis à son Obédience ; c'est-à-dire, toutes les fois qu'il n'existe pas de désignation légalement établie de cette circonscription dans l'étendue du territoire d'un même État politique et de ses dépendances ;

Qu'aucune Puissance Maçonnique du Rit Écossais ancien et accepté, ni aucune des Associations qui en dépendent, ne peut, sous aucun prétexte, se fondre dans une Puissance ou Association d'un autre Rit, qu'elle ne peut également devenir, à quelque titre que ce soit, ou une dépendance de cette Puissance ou de cette Association ;

Qu'une telle démarche qui ferait perdre à la Puissance qui s'en rendrait coupable, son indépendance, son autorité et jusqu'à son existence, violerait également l'esprit général de la Maçonnerie et l'indépendance du Rit ; qu'elle tendrait à jeter l'Ordre entier dans le trouble, la confusion, et consé-quemment, qu'on ne saurait prémunir avec trop de soins, tous les Maçons contre toute tentative, ou toute suggestion qui pourrait les conduire à un but aussi funeste.

D'après ces principes, voulant assurer la régénération de notre Rit,

En maintenir l'unité,

En garantir l'indépendance,

Et le ramener à son antique discipline;

Voulant surtout arriver à la destruction complète des abus qui s'y sont introduites et qui dérivent principalement :

Du relâchement dans le respect et l'observation soit des lois primitives de l'Ordre. et de ses statuts fondamentaux, soit des statuts et réglements particuliers émanés de chaque Puissance Maçonnique ;

De la légèreté coupable, et peut-être de la spéculation honteuse, qui président trop souvent aux admissions des Profanes et à la collation des grades ;

De l'indifférence avec laquelle se reconnaissent et se vérifient les diplômes, brefs, patentes, etc., etc., prétendus venir des Orients étrangers ;

Reconnaisant que l'union entre toutes les Puissances du Rit, en entretenant entr'elles une fraternité plus intime en multipliant et facilitant les moyens de correspondance réciproque, et en mettant le plus d'harmonie et d'ensemble possible dans les efforts que chacune se propose de faire pour rendre au Rit son ancien éclat ;

Nous SOUV.·. GRANDS INSP.·. GÉN.·., Chefs, Cons.·. et Vrais Prot.·. de l'Ordre, 33ᵉ et dernier degré du Rit Écoss.·. ancien et accepté ;

Au nom de nos Suprèmes Conseils respectifs, et en vertu de leurs pleins pouvoirs,

Avons stipulé et arrêté, stipulons et arrêtons le traité suivant :

Art. 1ᵉʳ. Dès ce moment, et à perpétuité, il y a union intime et indissoluble entre tous les Sup.·. Cons.·. du Rit Écossais ancien et accepté, actuellement régulièrement constitués pour la France, les États-Unis des deux Amériques méridionale et septentrionale et l'empire du Brésil, leurs territoires, dépendances et juridictions ainsi qu'ils se trouvent établis par les actes de leurs installations et reconnaissance, en date,

Savoir :

Pour la France, le 21 septembre 1762, et les décrets de ce Sup.·. Cons.·. de 1804, et 7 mai 1821 ;

Pour les États-Unis d'Amérique, la Nouvelle-Espagne, l'Amérique méridionale, ci-devant Espagnole, le 13ᵉ jour du 2ᵉ mois 5832 ;

Enfin [1], pour l'empire du Brésil, sous la date du 12e jour 8e mois 5832 (12 novembre 1832);

Lesquels sont reconnus et spécifiés par les dénominations suivantes :

Sup∴ Cons∴ de France, séant à l'Orient de Paris;

Sup∴ Cons∴ Uni de l'Hémisphère occidental, séant à l'Orient de New-Yorck;

Sup∴ Cons∴ de l'empire du Brésil, séant à l'Orient de Rio-Janeiro.

Les Puissances sus-désignées, se confédèrent et s'affilient réciproquement les unes aux autres.

Cette union fédérative, cette affiliation ont pour objet, et elles se promettent mutuellement :

1° De travailler avec un parfait accord et sans relâche au but unique et éminemment philosophique, moral et philantropique de l'Ordre;

2° De maintenir ses dogmes, ses principes et ses doctrines dans toute leur pureté, de les propager, défendre, respecter et faire respecter en tous temps et en tous lieux ;

3° De maintenir, observer, respecter, défendre, faire observer et respecter de même les Instituts, Constitutions, Lois, Statuts et Réglements fondamentaux et généraux de l'Ordre, et particulièrement ceux du Rit Écossais ancien et accepté;

4° De maintenir et défendre de tout leur pouvoir, de conserver, respecter, faire observer et respecter les droits, les priviléges et l'indépendance du Rit, l'intégrité de leurs juridictions territoriales respectives; de les garantir de toute usurpation; de revendiquer en toute occasion, celles qui peuvent lui avoir été faites ;

5° De combattre sans relâche et de toute leur influence, l'indifférence, l'égoïsme, l'inconstance, la manie des innovations irréfléchies et la licence, vrai tombeau de toute liberté,

---

[1] Le Suprême Conseil de Belgique qui, par une circonstance fortuite n'avait pas été représenté au Congrès, a depuis accédé à ce Traité et fait partie constituante de la Confédération.

source de discordes, de haines et d'anarchie anti-maçonnique;

6° De rétablir l'ancienne discipline de l'Ordre, la maintenir, la fortifier, l'observer, la faire observer et respecter dans toutes les circonstances ;

7° Enfin de protéger et faire respecter les vrais Maçons de tous les régimes, et particulièrement les vrais et fidèles Maçons Écossais, de leurs obédiences respectives, sur tous les points où elles pourront étendre leur influence.

A cet effet, les Puissances confédérées s'engagent solennellement à se prêter un appui constant, persévérant, mutuel et ferme dans toutes les occasions.

Art. 2. L'alliance intime et la confédération des Puissances contractantes s'étend nécessairement, sous leurs auspices, aux Associations, aux Ateliers-Maçonniques, et à tous les vrais Maçons de leurs obédiences et juridictions respectives.

En conséquence, il ne pourra être formé, entre ces diverses Associations ou ces divers Ateliers, aucune affiliation ou confédération particulière, à peine d'irrégularité et de nullité, sans préjudice des autres peines disciplinaires qui seront appliquées aux contrevenants, conformément aux lois de l'Ordre.

Art. 3. Les Puissances confédérées reconnaissent et proclament de nouveau, comme Grandes Constitutions du Rit Écossais ancien et accepté, les Constitutions, Instituts, Statuts et Réglements généraux, arrêtés par les neuf Commissaires des Subl∴ Pr∴ de Royal Secret, le 21 septembre 1762, modifiés par ceux du 1er mai 1786, qu'elles reconnaissent également, qu'elles proclament et s'engagent de même à respecter, observer, défendre, sous la réserve expresse d'en élaguer et rectifier les altérations qui y ont été faites, et qui en dénaturent les dispositions.

A cet effet, une copie authentique desdites Grandes Constitutions de 1786, signée de tous les Membres du présent Congrès, sera jointe à chacun des originaux du présent traité [1].

---

[1] *Voir* cette pièce, texte original, pag. 19; traduction, pag. 38.

Art. 4. Sont déclarés nuls et non avenus, tous actes ou conventions faites, ou qui pourraient être faites par quelque Puissance Maçonnique régulière que ce puisse être, qui sont, ou seraient contraires au principe de l'indépendance des Rites et aux dispositions de l'art. 5 des Grandes Constitutions de 1786.

Art. 5. Les Puissances confédérées, fidèles aux doctrines fondamentales de l'Ordre, et désirant constamment allier celles de la tolérance Maçonnique, à celles de l'indépendance absolue des Rites, reconnaîtront et accueilleront comme vrais et légitimes Maçons, dans leurs Rites et grades respectifs, tous ceux qui justifieront de ces qualités, par titres ou patentes authentiques et réguliers, émanés d'une Puissance légalement établie, dûment reconnue, comme ayant le droit de donner de tels certificats, titres ou patentes des degrés de ces Rites.

Par suite des mêmes principes, elles déclarent que dans aucune occasion et sous quelque prétexte que ce puisse être, elles ne reconnaîtront jamais pour légitimes Maçons du Rit Écossais ancien et accepté, que ceux qui auront été régulièrement reçus et pourvus des degrés de ce Rit, soit par l'une d'elles, soit par les Ateliers de leur obédience respective, ou enfin, par toute autre Puissance du même Rit, légalement établie et dûment reconnue comme telle, par la Confédération.

Seront privés du bénéfice de cette disposition et signalés comme irréguliers, tous Maçons Écossais qui, après avoir été légalement reçus dans un Atelier régulier de ce Rit, auraient violé la foi jurée, déserté la bannière du Rit ou seraient tombés dans toute autre irrégularité aussi grave.

Art. 6. Afin de rendre permanente, plus active et efficace, la surveillance qu'elles s'engagent à observer et faire observer, à cet égard, les Puissances confédérées et les Ateliers de leur obédience ne reconnaîtront jamais pour titres Maçonniques réguliers et légitimes provenant des corporations ou des Ateliers Maçonniques étrangers à leurs juridictions respectives.

que ceux qui auront été dûment visés et timbrés par le Gr.·.
Secrét.·. Général de l'obédience dont ils émanent, et par les
divers représentants accrédités dans cette obédience.

Cependant tous titres authentiques émanés d'une association régulière du Rit, établis sur des points éloignés du siége
de la Puissance dont elle ressort, seront accueillis comme
valables et réguliers, s'ils sont visés et timbrés par les Délégués
ou Députés de cette Puissance, établis par elle, sur ces points
éloignés, fidèles à leur mandat, et ce conformément à l'art. 16
des Réglements généraux de 1762.

Art. 7. Afin de maintenir et fortifier la discipline du Rit, et
d'accomplir le vœu formel de l'art. 5 des mêmes Réglements
généraux, il est expressément convenu entre les Puissances
confédérées que les mesures prises, ou les condamnations
portées en dernier ressort par l'une d'elles contre un Maçon,
un Atelier ou une Association Maçonnique quelconque de son
obédience, seront réputées le fait de la Confédération entière,
seront immédiatement transmises à toutes les autres et recevront sa pleine et entière exécution dans toute l'étendue de
leurs juridictions respectives.

Un Maçon Écossais qui se trouverait malheureusement sous
le coup d'une peine disciplinaire, ne pourrait en éluder les
effets, même en se présentant comme Maçon d'un autre Rit
qu'il aurait pu avoir pratiqué régulièrement avant le prononcé de la sentence qui le frapperait.

Il sera rayé à perpétuité des tableaux du Rit Écossais ancien et accepté, si c'est pour éluder sa sentence qu'il se fait
initier dans un autre Rit, soit pendant l'instance, soit après
le prononcé de la sentence.

Art. 8. Toute correspondance, toute communication fraternelle cessera d'exister entre les Puissances confédérées,
les Associations Maçonniques de leur obédience et les Associations, Ateliers et Puissances de l'obédience étrangère, qui,
dans le cas ci-dessus, se prêteraient sciemment à de tels actes
d'indiscipline et de désobéissance.

Art. 9. Dans le même but, et pour conserver constamment

l'union, la concorde et la régularité parmi les Maçons et les diverses corporations de leurs obédiences respectives, les Puissances confédérées s'obligent à exercer entr'elles et dans leurs divers Ateliers, une surveillance mutuelle, permanente, active et tutélaire sur le choix des candidats aux initiations, sur les avancements et concessions de grades, délivrance de brefs, diplômes et pouvoirs, et enfin, sur tout ce qui concerne leur composition, leurs travaux, leur direction et toutes les parties de leur administration.

Art. 10. A partir de la date du présent traité, il y aura entre tous les Suprèmes Conseils confédérés, une correspondance intime et aussi active que possible; toute communication faite à l'un d'entr'eux sera sur le champ faite aux autres à sa diligence et par lui.

Ils s'informeront mutuellement tous les six mois de tout ce qui sera de nature à intéresser l'Ordre en général, et particulièrement le Rit Écossais ancien et accepté, qui parviendrait à leur connaissance ou se passerait dans leurs juridictions respectives.

Ils indiqueront tout ce qui pourrait nécessiter de nouvelles mesures de conservation, de discipline et de sûreté générale.

Ils s'enverront chaque année le tableau officiel de tous les 30°, 31°, 32° et 33° de leur composition personnelle, active ou honoraire.

Art. 11. Tous les Suprèmes Conseils confédérés seront constamment représentés les uns près des autres, par des Souv∴ Gr∴ Insp∴ Gén∴ du 33° degré du Rit à leur choix, et les investiront des pouvoirs les plus étendus.

Ces Grands Représentants pourront assister à tous les travaux des degrés supérieurs du Rit, même à ceux du Suprème Conseil; ils seront convoqués à tous ces travaux et y auront voix consultative.

Ils pourront protester, au nom de leurs Puissances respectives, contre toute délibération qui serait de nature à compromettre les intérêts généraux de l'Ordre, ou ceux des puissances qu'ils sont chargés de représenter.

Dans ce cas, et lorsqu'ils le requerront, leurs protestations seront insérées aux procès-verbaux de la séance dans laquelle ils les auront faites, et il leur en sera donné acte dans le plus bref délai. Ils seront tenus d'en donner communication officielle à tous les Membres de la Confédération.

Et dans le cas où une résolution prise par le Suprême Conseil près duquel ils résideront l'aurait été en leur absence, ils auront également le droit de protester contre cette résolution. A cet effet, ils seront toujours libres d'aller consulter les registres du Gr.·. Secrét.·., lequel sera tenu de leur en donner communication sans déplacement à leur première réquisition, de recevoir toute protestation qu'ils jugeraient convenable de faire et de leur en donner acte.

Aussitôt la vérification faite de leurs pouvoirs, ils seront reconnus, solennellement proclamés, et jouiront de suite de tous leurs droits et priviléges, dans toute l'étendue de la juridiction dans laquelle ils résideront. Ils prendront rang immédiatement après les Souv.·. Gr.·. Insp.·. Gén.·., 33e degré, Membres actifs des Suprêmes Conseils près desquels ils seront accrédités.

Leur rang entr'eux sera déterminé par la date de leur admission comme Gr.·. Représentants près de ces Cons.·.

Art. 12. Tous les cinq ans, le jour anniversaire de la signature du présent traité, les Suprêmes Conseils confédérés se réuniront en Congrès ordinaire par leurs Représentants près le Suprême Conseil de France, à l'effet de prendre connaissance des affaires générales de l'Ordre, délibérer et arrêter en commun et dans les intérêts du Rit Écossais ancien et accepté, les mesures qui seront nécessaires.

Ils recevront à cet effet de leurs commettants des instructions et des pouvoirs spéciaux.

Le Suprême Conseil de France nommera en même temps un Délégué revêtu de pouvoirs analogues, lequel le représentera au Congrès.

La moitié plus un des Représentants présents ce dit jour à l'Orient de Paris, et pendant les 33 jours qui suivront immédiatement, constitueront légalement le Congrès.

Art. 13. Toutes les fois que les Gr.·. Représentants établis près d'une des Puissances confédérées, par les autres, reconnaîtront la nécessité d'assembler un Congrès extraordinaire, et que cette Puissance partagera cet avis, il sera pris une délibération à cet effet; les motifs y seront clairement et succinctement exposés, et s'il y a unanimité, la déclaration de cette nécessité, signée de tous, *manu propria,* sera transmise sans délai à tous les Membres de la Confédération avec fixation de l'époque de la réunion du Congrès et invitation de s'y faire représenter par des Gr.·. Insp.·. Gén.·. délégués *ad hoc,* munis de leurs pleins pouvoirs absolus et spéciaux.

Art. 14. Ces sortes de Congrès seront tenus de s'assembler au jour fixé pour leur ouverture.

Ils ne pourront s'occuper que de l'objet spécial de leur convocation, à peine de nullité de tout ce qui y serait étranger.

Ils se sépareront aussitôt cet objet rempli.

Et dans aucun cas, un Congrès, soit ordinaire, soit extraordinaire, ne pourra rester ouvert plus de 33 jours.

Art. 15. Les droits de tous les Gr.·. et Sup.·. Cons.·. du 33e et dernier degré du Rit Écossais ancien et accepté, légalement établis et dûment reconnus avant ce jour, par l'un des membres de la Confédération, et que des circonstances tiennent momentanément en sommeil forcé, sont expressément réservés : ils sont dès-à-présent fraternellement invités à accéder au présent traité, et à entrer dans notre Sainte Confédération, aussitôt leur réveil et la reprise de leurs travaux.

Tous ceux qui existent en ce moment sans notre reconnaissance et tous ceux qui pourront s'établir à l'avenir, conformément aux lois de l'Ordre, pourront y être admis en justifiant authentiquement de la légitimité de leurs titres, de leur établissement et du tableau général de leur composition.

La Confédération en sera juge : l'opposition d'un seul de ses membres suffira pour empêcher la reconnaissance et faire rejeter la demande.

Art. 16. Les Puissances Confédérées invoquent pour leur entreprise, la protection du Gr.·. Arch.·. de l'Univers, seul et souverain Maître de toutes choses.

Elles mettent le présent traité sous la sauve-garde des Vrais et Fidèles Maçons Écossais, répandus sur les deux Hémisphères.

Elles ordonnent aux Ateliers, Maçons et Corps Maçonniques de leurs juridictions respectives, de le considérer comme Loi Générale de l'Ordre, d'en respecter et observer les dispositions et leur défendent d'y faire la moindre altération ou changement, sous peine d'être déclarés indignes du titre de Maçon et d'être à perpétuité rayés des tableaux de l'Ordre et expulsés de tous ses travaux.

Art. 17. Le présent traité, fait en quatre originaux, écrits dans les quatre langues, de France, d'Angleterre, d'Espagne et de Portugal, dûment signé et scellé de nos sceaux respectifs, sera soumis à la ratification de chacune des Puissances Confédérées dans le plus bref délai.

Les ratifications en seront échangées entre les Grands Représentants respectifs, près le Sup∴ Cons∴ de France, au Secrétariat Général, *pro tempore*, du Rit à l'Orient de Paris.

Savoir :

Pour le Sup∴ Cons∴ de l'empire du Brésil, dans 13 mois ;

Pour le Sup∴ Cons∴ Uni de l'Hémisphère occidental, dans 9 mois ;

Et pour le Sup∴ Cons∴ de France, dans les 9 jours de la date des présentes.

Fait, stipulé et conclu entre nous soussignés, ci-dessus qualifiés, audit lieu les jours, mois et an, *ut suprà*.

Deus meumque jus.

Signé, Bᵖⁿ FRÉTEAU DE PENY, *Président,* 33ᵉ.
Mⁱˢ GIAMBONI, 33ᵉ.
A.-G.-R. ᴅ'ANDRADA, 33ᵉ.
Luiz ᴅᴇ Menᵉˢ Vasᶜᵒˢ ᴅᴇ DRUMOND, 33ᵉ.
SÉTIER, 33ᵉ.
THIEBAUT, 33ᵉ.
LAFAYETTE, 33ᵉ.
Comte ᴅᴇ ST-LAURENT, Δ, 33ᵉ, s∴ g∴ ı∴ g∴

Par mandement :

Le Gr∴ Secrét∴ Gén∴ du Rit, pro tempore,
Charles JUBÉ, 33ᵉ, s∴ g∴ ı∴ g∴

RATIFICATION

DU TRAITÉ QUI PRÉCÈDE

PAR LE T∴ PUISS∴ SOUV∴ GRAND COMMANDEUR ET LE SUPR∴ CONSEIL DE FRANCE.

A LA GLOIRE DU GRAND ARCHITECTE DE L'UNIVERS.

ORDO AB CHAO.

Nous Antoine-Gabriel, Duc de CHOISEUL-STAINVILLE, Pair de France, Lieutenant-Général des armées françaises, Aide-de-Camp du Roi, Gouverneur du Louvre, Grand-Officier de la Légion-d'Honneur, Grande-Croix de l'Ordre de Saint-Léopold, etc., etc., etc., Souv∴ Gr∴ Insp∴ Gén∴, 33ᵉ et dernier degré, T∴ Puiss∴ Souv∴ Gr∴ Commandeur, *ad vitam*, de l'Ordre, en France, etc., etc., etc.;

En Sup∴ Cons∴ dûment et régulièrement assemblé,

Ayant vu et mûrement examiné le Traité d'union et de Confédération conclu entre les Commissaires Plénipotentiaires dudit Sup∴ Cons∴, ceux du Sup∴ Cons∴ uni de l'Hémisphère occidental et ceux du Sup. Cons∴ pour l'empire du Brésil;

Nous, par ces présentes, approuvons et ratifions le susdit Traité d'union, dans toutes et chacune de ses dispositions, promettant sur l'honneur et la foi Maçonnique, de l'observer, faire observer et respecter strictement par tous les moyens en notre pouvoir;

En conséquence, mandons et ordonnons à toutes les Loges, Chapitres, Colléges, Aréopages, Gr∴ Cons∴ et Consistoires de notre Obédience et Juridiction, d'avoir à l'observer, respecter strictement, de l'enregistrer dans leurs livres d'Architecture aussitôt qu'ils en auront reçu la communication officielle ;

Invitons nos T.˙. Ill.˙. FF.˙. Souv.˙. Grands Insp.˙. Gén.˙., 33° degré, reconnus, présents ou en mission ; — Enjoignons à nos Sublimes et Vaillants Princes du Royal Secret, Gr.˙. Insp.˙., Inquis.˙., Command.˙. et Chev.˙. Gr.˙. Élus Kadosch, d'en surveiller l'exécution, d'y tenir la main, et de ne souffrir qu'il n'y soit porté aucune atteinte ni fait aucune altération.

En foi de quoi, Nous et nos Ill.˙. FF.˙. Souv.˙. Gr.˙. Insp.˙. Gén.˙., Membres du Sup.˙. Cons.˙. pour la France, avons signé les présentes, auxquelles nous avons fait appliquer, séance tenante, les Grands Sceaux de notre Ordre et Suprême Conseil.

Donné en Sup.˙. Cons.˙. près du B.˙. A.˙., ce dix-huitième jour de la lune d'*Adar*, 12ᵉ mois, cinq mil huit cent trente trois, et de l'Ère chrétienne, le vingt-six février 1800 trente quatre.

Le Très Puissant Souv.˙. Gr.˙. Commandeur,
Lᴇ ᴅᴜᴄ ᴅᴇ CHOISEUL.

Le Lieut.˙. Gr.˙. Commandeur,
Bᴀʀᴏɴ FRÉTEAU DE PENY, 33ᵉ.

Aʟᴇx. DE LABORDE, 33ᵉ.
Mɪs. GIAMBONI, 33ᵉ.
THIEBAULT, 33ᵉ.
SETIER, 33ᵉ, *Trés.˙. du St-Emp.˙.*
Lᴇ Lɪᴇᴜᴛ.˙.-Gᴇ́ɴ.˙. Cᵗᵉ MONTHION, 33ᵉ.
GUIFFREY, s.˙. ɢ.˙. ɪ.˙. ɢ.˙., 33ᵉ.
LAFAYETTE, 33ᵉ.
Pʜ. DUPIN, 33ᵉ.
Le Cᵗᵉ ᴅᴇ St-LAURENT, s.˙. ɢ.˙. ɪ.˙. ɢ.˙., 33ᵉ.
B. ALLEGRIM, 33ᵉ.
Cᵗᵉ D'ESTOURMEL, 33ᵉ.

<table>
<tr><td>Certifié, signé, contresigné, timbré et scellé des sceaux et timbres du Sup.˙. Cons.˙., par nous Souv.˙. G.˙. Insp.˙. Gén.˙. Sec.˙. Chanc.˙. et Gardes des Sceaux du St-Empire pour la France.
Signé, VIENNET, 33ᵉ.</td><td>Vu et enregistré au Livre d'Or du Sup.˙. Cons.˙. pour la France, sous le n° 98, folio 117, recto.

Par mandement :
Le Gr.˙. Sec.˙., chef du Secrétariat,
Signé, Cʜᴀʀʟᴇs JUBÉ, 33ᵉ.</td></tr>
</table>

Gᵃˡ Cᵗᵉ ᴅᴇ FERNIG, 33ᵉ.

Nota. La ratification du Suprême Conseil du Brésil est du 29 octobre 5834 ; celle du Suprême Conseil séant à New-York est du 26 décembre 5836.

ACCESSION

AU TRAITÉ QUI PRÉCÈDE

PAR LE SUPRÊME CONSEIL DU 33ᵉ DEGRÉ, SÉANT A BRUXELLES.

A LA GLOIRE DU GR.·. ARCH.·. DE L'UN.·.

ORDO AB CHAO.

Le Sup.·. Cons.·. des S.·. G.·. I.·. G.·. 33ᵉ et dernier degré du Rit ancien et accepté, établi à Bruxelles, réuni sous la présidence de son Ill.·. Lieut.·. Gr.·. Com.·., le F.·. STEVENS; le F.·. CARTON DE FAMILLIEUREUX, Gr.·. Secrétaire du St-Empire, tenant la plume.

Ayant pris communication du Traité d'alliance et de confédération, arrêté à Paris, le 23 février 1834 (S.·. V.·.) entre les Sup.·. Cons.·. de France, du Brésil et le Sup.·. Cons.·. Uni de l'Hémisphère Occidental, dont une ampliation originale lui a été officiellement adressée par le Sup.·. Cons.·. de France.

Et ayant examiné les clauses et stipulations y insérées, déclare, après mûre délibération, adhérer, de la manière la plus formelle, aux principes développés dans ledit Traité; par suite, le Sup.·. Cons.·. considère, dès aujourd'hui, ce traité comme ayant, à son égard, la même force et valeur que s'il y avait été partie stipulante, ordonnant que l'ampliation originale, expédiée de la part du Sup.·. Cons.·. de France, sera déposée parmi ses archives; que des copies certifiées, munies d'une adhésion en original, seront adressées aux Sup.·. Cons.·. de France, du Brésil et de l'Hémisphère Occidental, et que des Députés spéciaux, ayant les attributions détaillées dans les clauses du Traité à ce relatives, le représenteront auprès de chacun de ces Sup.·. Cons.·.; les députés que ces Puissances

Maçonniques accréditeront à Bruxelles, étant assurés d'y être fraternellement accueillis.

En conséquence, Nous, Lieut.·. Gr.·. Com.·., séant en Sup.·. Cons.·., déclarons ledit Traité de Confédération et d'Union obligatoire pour tous les Maçons du Rit ancien et accepté, soumis à son obédience.

Mandons et ordonnons à tous les Consistoires de Royal Secret, Aréopages, Gr.·. Cons.·., Chap.·. et L.·. du ressort, d'avoir à l'observer et respecter; invitons les T.·. Ill.·. S.·. G.·. I.·. G.·. 33ᵉ et dernier degré, présents ou en mission, enjoignons aux Subl.·. et Vaill.·. P.·. de Royal Secret, Gr.·. Insp.·., Inquis.·., Cheval.·., G.·. Élus Kadosch, d'en surveiller l'exécution; d'y tenir la main et de ne souffrir qu'il y soit porté atteinte.

En foi de quoi, nous et nos T.·. Ill.·. FF.·. S.·. G.·. I.·. G.·., Membres du Sup.·. Cons.·., légalement établi à Bruxelles, depuis le 12ᵉ J.·. 1ᵉʳ M.·. 5817, avons, *manu propria*, signé les présentes, que nous avons fait munir du G.·. Sceau, et qui ont été contresignées par le T.·. Ill.·. Gr.·. Secrét.·. *ad vitam*, du St-Empire dans ces contrées.

Donné en Sup.·. Cons.·., sous la voûte du Zénith, qui répond au 50ᵉ degré 51 minutes latitude nord, en un lieu très éclairé, très fort et très saint, le 5ᵉ J.·. du 1ᵉʳ M.·. de l'an de la V.·. L.·. 5835 (5 mars 1835 S.·. V.·.).

Signé, P.-J. STEVENS, *Lieut.·. G.·. C.·.*, 33ᵉ.

VERHAEGEN (AÎNÉ), 33ᵉ.	CARTON DE FAMILLIEUREUX,
CATTOIR, *G.·. T.·. du St-Emp.·.* 33ᵉ.	*Secr.·. du St-Empire*, 33ᵉ.
J. DEFRENNE, 33ᵉ.	GERMAIN-REEF, 33ᵉ.
WEEMAELS, 33ᵉ.	DESESSARTS, 33ᵉ.
J. MARCHAL, 33ᵉ.	DE GRÉGOIRE, 33ᵉ.
Pour adhésion : L.-J.-A. JACOBS, 33ᵉ.	*Pour adhésion :* A. JOUVENEL, 33ᵉ.
Pour adhésion : F. LE ROY, 33ᵉ.	*Pour adhésion :* Bⁿ DARQUIER, 33ᵉ.
	Pour adhésion : E. DE FACQZ, 33ᵉ.

Collationné le traité qui précède, ses ratifications et accession, sur les ampliations authentiques déposées dans la caisse à trois clés du Sup.·. Cons.·. de Belgigue.

Par mandement :

Le Secrét.·. Gén.·. du St-Empire, FL. LE ROY, 33ᵉ.

II.

PIÈCES PARTICULIÈRES AU SUP∴ CONS∴

ET AU RIT EN BELGIQUE,

RÉGLEMENT ADMINISTRATIF DU RIT, DU 12ᵉ J∴ DU 10ᵉ M∴ 5818.

DIVERS DÉCRETS, RÉSOLUTIONS ET DISPOSITIONS.

ORDO AB CHAO.

DEUS MEUMQUE JUS.

RÉGLEMENT ADMINISTRATIF

DU RIT ÉCOSSAIS

ANCIEN ET ACCEPTÉ POUR LE ROYAUME DES PAYS-BAS.

CHAPITRE PREMIER.

DU SUPRÊME CONSEIL.

Art. 1ᵉʳ. Conformément aux Grandes Constitutions du 1ᵉʳ jour du 3ᵉ mois, *Sivan* 5786, l'exercice de la Puissance Dogmatique et de tous les Souverains Pouvoirs Maçonniques du Rit Écossais, ancien et accepté, appartient au Suprême Conseil des Souverains Grands Inspecteurs-Généraux, 33ᵉ degré, pour le royaume des Pays-Bas.

Art. 2. Le Suprême Conseil est composé de dix-huit Souverains Grands Inspecteurs-Généraux, non compris le Grand Commandeur.

Il admet des Membres honoraires qui n'ont pas voix délibérative.

Art. 3. Les Officiers Dignitaires sont :

Le Très Puissant Souverain Grand Commandeur ;

Le Lieutenant du Grand Commandeur ;

Le Trésorier du St-Empire ;

Le Secrétaire-Général du St-Empire ;

Le Ministre d'État Grand Orateur Procureur Général de l'Ordre ;

Le Grand Maître de Cérémonie ;

Le Grand Capitaine des Gardes ;

Le Grand Garde des Sceaux et Archives ;

Le Grand Expert Porte-Étendard.

Ces Officiers sont à vie.

En cas de mort, de résignation, ou d'absence du royaume, pour n'y pas revenir, ils sont remplacés par le Suprême Conseil, à la majorité des suffrages.

Le Secrétaire-Général du St-Empire, dans le cas où il ne peut remplir ses fonctions, est suppléé par le Grand Garde des Archives.

Art. 4. Le Suprême Conseil peut députer un de ses Membres, pour établir un Conseil du 33e, dans les États où il n'en existe pas, en se conformant à ce qui est prescrit par les Grandes Constitutions dont un extrait authentique lui sera remis.

Aucun Député ne peut faire usage de ses pouvoirs, dans un pays où sera établi un Suprême Conseil d'Inspecteurs-Généraux, à moins qu'il ne soit approuvé dudit Conseil.

Art. 5. Un Inspecteur-Général, non Député, ne possède aucun pouvoir individuellement, dans un pays où est établi un Suprême Conseil, à moins qu'il n'ait des patentes spéciales du Suprême Conseil.

Art. 6. Conformément aux Réglements Généraux de 5762, quand le Suprême Conseil est légalement convoqué, sept Membres suffisent pour ouvrir les Travaux. Leurs actes ont la même force que si tous les Membres étaient présents.

Art. 7. Les actes du Suprême Conseil sont intitulés *Décrets*.

Art. 8. Le Suprême Conseil s'assemble une fois dans le cours de chaque 3e nouvelle Lune, pour s'occuper de tous les objets qui concernent le Rit.

Il s'assemble extraordinairement, si la nécessité le requiert, sur la convocation du Souverain Grand Commandeur, ou du Lieutenant du Grand Commandeur, ou sur la demande de la Commission administrative.

Il s'assemble une fois, le 1ᵉʳ jour du 8ᵉ mois *Marschesvan*, pour célébrer la fête de l'Ordre, et le 11ᵉ du 12ᵉ mois *Adar*, pour célébrer l'anniversaire de sa fondation.

Art. 9. Le Suprême Conseil a dans son sein une commission administrative et exécutive, composée de sept Membres. L'Illustre Grand Commandeur en est Président. Le Lieutenant Grand Commandeur, le Trésorier du St-Empire, le Secrétaire-Général, le Ministre d'État, en sont Membres nés; les autres sont nommés au scrutin; elle est renommée chaque année.

Elle ne peut délibérer qu'au nombre de cinq Membres au moins.

Elle s'assemble régulièrement avant les tenues du Suprême Conseil et toutes les fois qu'il est jugé utile [1].

Elle s'occupe de tous les objets qui sont soumis au Suprême Conseil, prépare tout ce qui est nécessaire pour les décisions et fait son rapport.

Elle statue provisoirement sur les affaires de simple administration, sauf à chaque séance du Conseil, à faire approuver ses décisions.

Elle peut demander la convocation extraordinaire du Conseil.

Art. 10. Les colonnes gravées des séances du Suprême Conseil ou de la Commission, sont rédigées par le Secrétaire-Général du St-Empire ou, à son défaut, par l'Archiviste.

Art. 11. La commission fixe des séances particulières pour donner l'instruction des degrés du Rit Écossais ancien et accepté; elle peut y convoquer les Frères promus aux degrés dont elle donnera l'instruction et qui seront porteurs de diplômes du Suprême Conseil, ou visés par la Commission.

Art. 12. Tout Membre actif et délibérant du Suprême

---

[1] Ses assemblées sont fixées au 1ᵉʳ jeudi de chaque mois. Les membres qui négligent de s'y rendre sont passibles d'une amende.

Conseil, qui restera un an sans assister à aucune Séance du Conseil, sans excuse, sera censé avoir donné sa démission.

Art. 13. La Commission fait acquitter les dépenses que nécessitent le loyer et les décors du Temple et autres locaux à l'usage du Conseil, ainsi que tous les frais relatifs à l'entretien, au chauffage, aux lumières et autres dépenses, d'après les états qui seront arrêtés et ordonnés par elle ou, si elle le juge convenable, par le Suprême Conseil.

Art. 14. L'Illustre Trésorier du St-Empire sera personnellement responsable des sommes dont la commission aura ordonné le versement dans le trésor; en conséquence, l'Illustre Secrétaire du St-Empire n'apposera sa signature et l'Illustre Garde des Sceaux n'apposera le Scel sur aucun acte émané du Suprême Conseil, qu'autant qu'il aura été préalablement revêtu de la signature de l'Illustre Trésorier du St-Empire, à peine d'en être pareillement responsable; et l'Illustre Trésorier ne donnera lui-même sa signature, qu'autant qu'il aura reçu les métaux.

CHAPITRE II.

DES CONSEILS PARTICULIERS, TRIBUNAUX, ETC.

Art. 15. Le Suprême Conseil a sous sa surveillance immédiate et a seul le droit de constituer, dans tous les endroits qu'il en juge susceptibles, les Conseils particuliers des Sublimes Princes de Royal Secret, 32ᵉ degré; les tribunaux des Grands Commandeurs, Inspecteurs, Inquisiteurs, 31ᵉ degré; les Aréopages des Chevaliers Kadosch, 30ᵉ degré; les Grandes Loges de St-André, 29ᵉ degré; les Cours des Commandeurs du Temple, 27ᵉ degré; les Colléges de Royal-Hache, 22ᵉ degré; les Chapitres des Rose-Croix, 18ᵉ degré; les Chapitres des Grands Élus, Grands Écossais, 14ᵉ degré; les Conseils d'Élus et les Loges, ainsi que de conférer tous les Grades dans la Hiérarchie des 33 degrés du Rit Écossais ancien et accepté.

Il ne pourra y avoir qu'un Conseil particulier du 32ᵉ degré, par province, et il ne pourra être établi qu'au chef-lieu de la province, à moins de circonstances spéciales, dont le Suprême Conseil est seul juge.

Il pourra être établi, soit un Tribunal du 31ᵉ, soit un Aréopage de Kadosch du 30ᵉ; il devra également siéger au chef-lieu et il ne pourra y en avoir plusieurs dans chaque province.

Art. 17. Les Conseils, Tribunaux ou Aréopages, n'ont point le droit d'établir des Corps inférieurs séparés d'eux.

Art. 18. Dans les villes où siège le Suprême Conseil, il ne peut y avoir de Conseil particulier et autres Corps aux différents Grades au-dessus du 18ᵉ, que ceux qu'il créé auprès de lui.

Art. 19. Les demandes tendantes à obtenir l'organisation des Loges, Chapitres, Colléges, Cours, Aréopages, Tribunaux et Conseils particuliers seront renvoyées à la Commission administrative, qui prendra les renseignements tant sur les convenances locales, que sur les qualités civiles et morales des personnes inscrites sur le tableau; elle inspectera leurs Travaux ou les fera inspecter par des Commissaires *ad hoc*.

Ces opérations doivent être faites dans le délai de quarante-cinq jours.

Le Suprême Conseil prononcera sur le rapport de la Commission. Il en sera de même pour les demandes de promotion aux degrés supérieurs au 18ᵉ, et d'obtention de Brefs et Diplômes.

Les parties intéressées pourront être appelées et entendues par la commission, s'il y a lieu.

Art. 20. Jusqu'à l'obtention des Chartes constitutionnelles, les Membres des Chapitres, Cours et Aréopages, Tribunaux ou Conseils, ne pourront se former en Travaux du degré dont ils solliciteront la Charte, sous prétexte qu'ils sont en instance, ou sous quelque prétexte que ce soit.

Art. 21. Le Suprême Conseil délivre les Chartes Constitutionnelles et nomme des commissaires pour faire l'installation en son nom et d'après les instructions qu'il leur délivre.

Ces Commissaires reçoivent l'obligation des Conseils et autres Corps qu'ils installent.

La Colonne gravée de l'Installation, ainsi que le tableau, sont envoyés immédiatement au Suprême Conseil.

CHAPITRE III.

DES GRADES.

Art. 22. La hiérarchie des degrés du Rit Écossais, ancien et accepté, est ainsi qu'il suit :

Première classe.

1er degré, Apprenti.
2e id. Compagnon.
3e id. Maître.

Deuxième classe.

4e id. Maître Secret.
5e id. Maître Parfait.
6e id. Secrétaire intime.
7e id. Prévôt et juge.
8e id. Intendant des bâtiments.

Troisième classe.

9e id. Maître Élu des neuf.
10e id. Illustre Élu des quinze.
11e id. Sublime Chevalier Élu.

Quatrième classse.

12e id. Grand Maître Architecte.
13e id. Royal-Arche.
14e id. Grand Écossais, Grand Élu, Sublime Maçon.

Cinquième classe.

15e id. Chevalier d'Orient ou de l'Épée.

16e degré, Prince de Jérusalem, Chef des LL.·. régulières.
17e id. Chevalier d'Orient et d'Occident.
18e id. Souverain Prince Rose-Croix.

Sixième classe.

19e id. Grand Pontife, Sublime Écossais.
20e id. Vénérable Grand Maître des LL.·. Symboliques, Grand Maître *ad vitam.*
21e id. Noachite.
22e id. Royal-Hache, Grand Patriarche, Prince du Liban.

Septième classe.

23e id. Chef du Tabernacle.
24e id. Prince du Tabernacle.
25e id. Chevalier du Serpent d'Airain.
26e id. Prince de Mercy.
27e id. Grand Commandeur du Temple.
28e id. Chev.·. de l'Aigle du Soleil, Prince adepte.
29e id. Grand Écossais de St-André, Patriarche des Croisades.
30e id. Chevalier de l'Aigle blanc et noir, Chevalier Kadosch.
31e id. Grand Inspecteur, Inquisiteur, Commandeur.
32e id. Chevalier de St-André, Fidèle Gardien du Trésor caché, Sublime Prince Royal Secret.
33e id. *et dernier.* Souverain Grand Inspecteur-Général.

Art. 23. Les Conseils particuliers, Tribunaux, Aréopages, Cours et Colléges, ne peuvent conférer les Grades supérieurs au 18e degré jusques y compris le 32e, qu'aux Frères qu'ils auront proposés au Suprême Conseil, et qui auront été agréés par lui.

Ils ne peuvent procéder à la réception des 30e et 32e que d'après la délégation du Suprême Conseil, pour remplacer la présence indispensable de trois Grands Inspecteurs-Généraux.

Art. 24. Les Loges et Chapitres, jusqu'au 18e degré, ont la

faculté de conférer les Grades et de délivrer des Diplômes, sans prendre l'assentiment du Suprême Conseil, auquel ils enverront, chaque année, le tableau de ceux qu'ils auront promus.

Le Suprême Conseil délivre des Diplômes aux Frères qui désirent en avoir de lui.

ART. 25. Chaque année, dans le courant du 1er mois, le Suprême Conseil arrête le tableau de tous ceux qui auront été promus aux degrés supérieurs au 18e, et ce tableau est adressé à toutes les Loges du Rit Écossais ancien et accepté, et aux Suprêmes Conseils des pays étrangers.

Il ne reconnaît, comme promus aux degrés du Rit, que ceux dont les noms sont compris chaque année, sur le tableau énoncé en l'article précédent, ou qui en représentent le diplôme visé par lui, comme émanant d'une puissance dog-matique du même Rit dans les autres États et Empires.

ART. 26. Les Brefs et Diplômes des degrés supérieurs au 18e ne seront délivrés que par le Suprême Conseil. Les actes d'initiation spécifieront les distances qui auront été observées en exécution de l'art. 30 ci-après, afin que mention puisse en être faite dans les Brefs et Diplômes.

ART. 27. Tout Frère qui sera reçu Grand Inspecteur-Géné-ral 33e, ou Prince du Royal Secret 32e, ou Chevalier Kadosch 30e, sera tenu, dans les trois mois qui suivront sa réception, de se pourvoir des Décors du Grade, à peine d'une amende, au profit du tronc des pauvres, d'une brique d'or.

ART. 28. Les Frères possédant les Hauts Grades du Rit Écos-sais, ne peuvent se décorer dans les Travaux auxquels ils prennent part, que du cordon et des bijoux du plus haut degré auquel ils ont été élevés dans ce Rit. Cependant, ils pourront y ajouter les cordons et bijoux des autres Rites dont ils seront pourvus.

ART. 29. Les cordons et bijoux ne pourront être portés que conformément aux modèles désignés ci-après, sans pouvoir y porter aucun changement ni modification, savoir :

Les 1er et 2e *degrés*, portent un tablier de peau blanche, la bavette relevée au 1er et rabattue au 2e degré.

3ᵉ *degré*. Tablier blanc doublé et bordé de rouge ; au mi
lieu sont les lettres M. B. Cordon bleu moiré en sautoir ; au
milieu, une rosette, couleur de feu, à laquelle est attaché le
bijou, qui est un triple triangle couronné.

4ᵉ *degré*. Cordon bleu liseré de noir, en sautoir, auquel est
attachée une clé d'ivoire, au milieu de laquelle est la lettre Z.

Tablier de peau blanche attaché avec des cordons noirs,
bavette bleue sur laquelle est peint ou brodé un œil.

5ᵉ *degré*. Cordon vert en sautoir, au bas duquel est suspendu
un compas ouvert, à un angle de 60 degrés, posé sur une por
tion de cercle gradué.

Tablier blanc, bavette verte ; dans le milieu sont décrits
trois cercles à égale distance. Au centre, est une pierre quarrée, sur laquelle est la lettre J.

6ᵉ *degré*. Cordon cramoisi en sautoir, au bas duquel pend
le bijou composé de trois triangles entrelacés.

Tablier blanc, bordé et doublé de rouge ; au milieu de la
bavette est peint un triangle.

7ᵉ *degré*. Cordon cramoisi en sautoir, au bas duquel pend
une clé d'or.

Tablier blanc, bordé de rouge, une poche au milieu, une
clé sur la bavette.

8ᵉ *degré*. Cordon rouge, de droite à gauche, au bas duquel
est une rosette verte, soutenant le bijou qui est un triangle ;
sur un des côtés sont gravées les lettres B. A. J., de l'autre, J. I.

Tablier blanc, doublé de rouge, bordé de vert ; au milieu
est une étoile à neuf pointes, placée au-dessus d'une balance.
Sur la bavette, un triangle avec les lettres B. A. J.

9ᵉ *degré*. Cordon noir de gauche à droite, neuf rosettes
rouges au bas du cordon.

Bijou, un poignard d'or à lame d'argent.

Tablier blanc tacheté de rouge, doublé et bordé de noir ;
sur la bavette, un bras ensanglanté tenant un poignard.

10ᵉ *degré*. Cordon noir de gauche à droite, trois têtes brodées au bas.

Bijou, comme au neuvième.

Tablier blanc, doublé et bordé de noir. Au milieu, la ville de Jérusalem et trois têtes sur des piquets, à l'Est, à l'Ouest et au Sud.

11e *degré*. Cordon noir de gauche à droite ; on y brode la devise : *Vincere aut mori*.

Bijou, un poignard d'or à lame d'argent.

Tablier blanc, doublé et bordé de noir, une poche au milieu, sur laquelle est une croix rouge.

12e *degré*. Cordon bleu de droite à gauche, au bas duquel est suspendu un quarré parfait en forme de médaille. Sur un côté sont gravés quatre demi-cercles en face de sept étoiles, au centre est un triangle dans lequel est gravée la lettre A ; de l'autre côté, les cinq ordres d'architecture, représentés par cinq colonnes. Au sommet un niveau ; au-dessous, une équerre, un compas et une croix ; dans le milieu du quarré et du compas sont les lettres R. M. Sous la base des cinq colonnes sont les lettres C. D. T. J. C.

Tablier blanc, doublé et bordé de bleu ; au milieu, une poche noire.

13e *degré*. Un ruban pourpre en sautoir, au bas duquel est suspendue une médaille ; sur un côté est gravée la pierre d'une trappe ; de l'autre est gravé un triangle.

14e *degré*. Cordon rouge en sautoir, au bas duquel est suspendu un compas couronné, dont les pointes ouvertes sont posées sur les extrémités d'un cercle gradué de 90 degrés. Un soleil au milieu.

Tablier blanc doublé et bordé de ponceau ; un double petit ruban bleu accompagne le bord ponceau ; sur la bavette est brodé ou peint le bijou ; au milieu du tablier est peinte une grande pierre plate quarrée, au milieu de laquelle est un anneau de fer.

15e *degré*. Cordon vert d'eau, de droite à gauche, parsemé de membres, de têtes, de couronnes, d'épées entières et brisées ; au milieu un pont, sur lequel sont les lettres L. D. P.

Au bas est suspendu pour bijou un sabre fixé avec un ruban rouge. Le fourreau du sabre est couleur de feu.

Tablier blanc, doublé et bordé de vert ; sur la bavette une tête, deux épées en sautoir ; dans le milieu, trois triangles de chaînes, dont les chaînons sont triangulaires.

16° *degré*. Cordon aurore de droite à gauche, au bas duquel est attachée une médaille ; sur un côté est gravée une main tenant une balance ; de l'autre, une épée à deux tranchants et cinq étoiles.

Tablier rouge, doublé et bordé aurore, gants rouges.

17° *degré*. Cordon blanc de droite à gauche ; plus, cordon noir en sautoir, au bas duquel pend un heptagone d'or ou d'argent ; à chaque angle sont les lettres B. D. S. P. H. G. F.

Tablier de soie jaune, doublé de rouge.

18° *degré*. Cordon ponceau en sautoir, au bas duquel est suspendu le bijou.

Bijou ; compas ouvert, dont les pointes sont posées sur un quart de cercle. La tête du compas forme une rose dont la tige se perd dans les branches du compas ; au milieu une croix dont le pied repose sur le quart du cercle ; d'un côté de la croix est un pélican ; de l'autre, un aigle, ailes déployées. Le tout est surmonté d'une couronne antique.

Tablier blanc, doublé et bordé de ponceau, sur le milieu sont peints trois triangles, trois cercles et trois quarrés surmontés de la lettre J.

19°, 20° et 21° *degrés* sont donnés par communication.

22° *degré*. Cordon couleur d'arc-en-ciel en sautoir, doublé en ponceau, au bas duquel est suspendue une hache en or couronnée ; d'un côté du manche sont gravées les lettres L. S. Sur le sommet les lettres A, C. D. X. Z. A.; de l'autre côté du manche la lettre S. ; sur le bout du manche, les lettres N. S. C. J. M. B. O.

23°, 24°, 25° et 26° *degrés*. Donnés par communication.

27° *degré*. Cordon blanc en sautoir, bordé de ponceau ; de chaque côté sont brodées deux croix de Malte, en rouge ; au bas du cordon pend un triangle sur lequel est brodé en hébreu ינרי ou I. N. R. I. Il est suspendu à une rosette rouge ; sur le milieu est brodé en or, un soleil. De plus, une écharpe

rouge brodée de noir de droite à gauche ; au bas est une rosette à laquelle est attachée la croix de Malte.

Tablier ponceau, doublé et bordé de noir, bavette noire sur
laquelle est brodée une croix de Malte. Au milieu du tablier
est brodée en noir, une couronne de laurier. Au milieu de la
couronne est brodée en noir, une clé.

28e *degré*. Donné par communication.

29e *degré*. Cordon ponceau, au bas duquel est suspendu un
triangle ; au milieu du triangle sont gravés 81 triangles entrelacés ; au milieu des 81 triangles, un compas ouvert ; au-dessous du triangle est gravé un poignard, en dedans de l'angle
une équerre renversée.

Plus, une écharpe blanche avec franges d'or.

30e *degré*. Cordon noir de droite à gauche, sur lequel sont
brodées les lettres C. K. S. et la croix de l'Ordre en or ;
au bas du cordon un poignard à manche d'ébène et d'ivoire,
attaché à une rosette rouge : bijou, la croix teutonique attachée à la boutonnière de l'habit.

31e *degré*. Cordon blanc en camail, au bas duquel pend
une croix d'argent à huit pointes ; elle se porte aussi à la boutonnière avec un ruban blanc.

32e *degré*. Cordon noir moiré en sautoir ; au centre est
brodée, en soie plate, la croix teutonique ; au bas est suspendue la croix teutonique en couleur d'or.

Tablier : le Camp des Princes de Royal Secret.

33e *degré*. Cordon blanc moiré, de gauche à droite ; au bas
du cordon est supendu, pour bijou, un grand aigle noir à
deux têtes, tenant dans les serres une épée, au milieu sur la
poitrine un triangle radieux, à chaque extrémité un poignard ;
au milieu du triangle est brodé le nombre 33, à l'extrémité
du cordon est une frange d'or.

Tous les cordons, soit en sautoir soit en écharpe, ont quatre
pouces de large.

ART. 30. Conformément au réglement du 6e jour du 7e mois
5762, les distances pour obtenir les degrés du Rit Écossais
sont ainsi qu'il suit :

1re *classe.*	{	Du	1er degré au	2^e	. . .	5	mois.	}	12 mois.	

1re *classe.* { Du 1er degré au 2e . . . 5 mois. } 12 mois.
{ Du 2e id. au 3e . . . 7 id.

2e *classe.* { Du 3e id. au 4e . . . 3 id. } 21 mois.
{ Du 4e id. au 5e . . . 3 id.
{ Du 5e id. au 6e . . . 3 id.
{ Du 6e id. au 7e . . . 5 id.
{ Du 7e id. au 8e . . . 7 id.

3e *classe.* { Du 8e id. au 9e . . . 3 id. } 7 mois.
{ Du 9^e id. au 10^e . . . 3 id.
{ Du 10^e id. au 11^e . . . 1 id.

4^e *classe.* { Du 11e id. au 12e . . . 1 id. } 5 mois.
{ Du 12e id. au 13e . . . 3 id.
{ Du 13e id. au 14e . . . 1 id.

5e *classe.* { Du 14e id. au 15e . . . 1 id. } 6 mois.
{ Du 15e id. au 16e . . . 1 id.
{ Du 16e id. au 17e . . . 3 id.
{ Du 17e id. au 18e . . . 1 id.

Distance pour passer aux degrés supérieurs, savoir :

Sixième classe.

Les 19e, 20e et 21e seront donnés par communication.
Du 18e degré au 22e . . . . 3 mois.

Septième classe.

Le 23e, 24e, 25e et 26e donnés par communication.

Du 22e degré au 27e . . . 1 mois.

Le 28e par communication.

Du 27e degré au 29e . . . 5 mois.
Du 29e id. au 30e . . . 5 id.
Du 30e id. au 31e . . . 5 id.
Du 31e id. au 32e . . . 5 id.

Art. 31. Le Suprême Conseil accorde des dispenses à l'effet
d'anticiper les distances pour causes urgentes, et pour des

considérations particulières, et pour dispenses du versement de métaux.

Les chapitres du 18ᵉ pourront en accorder pour les grades inférieurs.

CHAPITRE IV.

RÉTRIBUTIONS.

ART. 32. Pour faire face aux dépenses, les Loges qui seront constituées par le Suprème Conseil, verseront au trésor la somme de . . . . Fr. 150

Les Chapitres du 18ᵉ degré . . . . » 81

Les Colléges pour les 19ᵉ, 20ᵉ, 21ᵉ et 22ᵉ degrés. . » 45

Les Cours des Commandeurs, pour les 23ᵉ, 24ᵉ, 25ᵉ, 26ᵒ et 27ᵉ degrés. . . . . » 63

Les Grandes Loges pour les 28ᵉ et 29ᵉ degrés. . . » 81

Les Aréopages du 30ᵉ degré . . . . » 109

Les Tribunaux du 31ᵉ degré. . . . . » 115

Les Conseils particuliers du 32ᵉ degré . . . . . . » 120

ART. 33. Seront pareillement versés dans le trésor du Suprème Conseil, par les Chapitres, Colléges, Cours, Tribunaux et Conseils au-dessus du 18ᵉ degré jusqu'à la concurrence des deux tiers, les frais d'initiation fixés par l'article suivant. L'autre tiers restera à leur disposition pour leurs dépenses particulières.

ART. 34. Les frais d'initiation aux degrés sont fixés, savoir :

Pour le 19ᵉ jusques et y compris le 22ᵉ degré . . Fr. 25

Pour le 23ᵉ jusques et y compris le 27ᵉ degré . . » 35

Pour les 28ᵉ et 29ᵉ degrés . . . . » 45

Pour le 30ᵉ degré . . . . » 60

Pour les 31ᵉ et 32ᵉ degrés . . . . » 90

Pour le 33ᵉ degré . . . . » 180

ART. 35. Le prix des diplômes de tous degrés au-dessus du 18ᵉ degré est de fr. 24.

ART. 36. Le prix des cahiers sera fixé par un décret.

Le Suprème Conseil n'avoue et ne reconnaît pour cahiers du

Rit Écossais ancien et accepté, émanés de ses archives, que ceux qui sont revêtus du Sceau du Suprême Conseil et de la signature du Secrétaire du St-Empire.

CHAPITRE V.

Art. 37. Les Conseils, Tribunaux, Aréopages, Cours, Colléges, Chapitres et Loges sont autorisés à faire leur réglement particulier, en prenant pour base les dispositions du présent. Ils le soumettront à l'approbation du Suprême Conseil.

Fait et arrêté en séance de la commission, le 3e jour du 10e mois, nommé *Tevet*, anno Lucis 5818.

Ainsi signé, A. Crassous, 33e, *Lieutenant Grand Commandeur,* P. J. Coppyn, 33e, Forceille, 33e, Rouyer, 33e, *Lieutenant Grand Commandeur honoraire,* Gerard, 33e, Levasseur, 33e, Michiels, 33e, Galler, 33e, *Capitaine des Gardes.*

Le présent réglement a été adopté par le Suprême Conseil dans sa séance du 12e jour du 10e mois, nommé *Tevet,* de l'an cinq mil huit cent dix-huit.

Était signé, A. Crassous, 33e, *Lieut∴ Gr∴ Comm∴,* Rouyer, 33e, *Lieut∴ Gr∴ Comm∴ honoraire,* F. Blaes, 33e, Forceille, 33e, De Grégoire, 33e, Gerard, 33e, Levasseur, 33e, Michiels, 33e, P. J. Coppyn, 33e, *Gr∴ Tr∴ du St-Empire,* D. V. Ramel, 33e, Galler, 33e, *Cap∴ des Gardes,* Prieur, 33e, J. B. Cirez, 33e, P^{ce} de Gavre, 33e, De Courtrai, 33e, Malezewski, 33e.

Collationné sur l'original reposant dans la caisse à trois clés du Sup∴ Cons∴.

Bruxelles, le 20e j∴ du 5e m∴ sol∴ 5841.

Par mandement :
Le Secrét∴ Gén∴ du St-Empire,
Fl. LE ROY, 33e.

DÉCRETS,

DISPOSITIONS ET RÉSOLUTIONS

DU SUPRÊME CONSEIL.

I.

8ᵉ j∴ du 3ᵉ m∴ 5824 (8 mai 1824).

1° Vu l'art. 8 du Réglement administratif, portant : *que le Sup∴ Cons∴ s'assemble une fois dans le cours de chaque 3ᵉ nouvelle Lune ;*

Il est arrêté que chaque réunion du Sup∴ Cons∴ sera fixée désormais au premier samedi des mois *Sivan* (mai), *Elul* (août), *Kislew* (novembre) et *Adar* (février).

2° Le renouvellement de la Commission administrative et exécutive se fera dorénavant à l'époque de la fête anniversaire de la fondation du Sup∴ Cons∴ (11ᵉ j∴ du 1ᵉʳ mois).

II.

12ᵉ j∴ du 12ᵉ m∴ 5824 (12 février 1824).

1° Connaissance sera donnée, de nouveau, à toutes les Loges du royaume de l'existence du Sup∴ Cons∴ — La planche contiendra la date de sa fondation, le nombre des membres qui le composent.

2° Un inventaire de tous les objets appartenant au Sup∴ Cons∴ sera dressé.

III.

22ᵉ j.·. du 1ᵉʳ m.·. 5825 (22 mars 1825).

1° Il n'appartient qu'au Sup.·. Cons.·. de conférer dans son Rit les grades supérieurs à celui de R.·. +.·., à moins qu'il n'en ait donné les pouvoirs, en constituant et reconnaissant des *tribunaux, cours, colléges, chapitres* et autres autorités Maçonn.·.

Les degrés inférieurs sont conférés par les Chapitres du Rit, établis ou reconnus par le Sup.·. Cons.·.

2° Nul maçon ne peut jouir des prérogatives attachées aux grades supérieurs à celui de R.·. +.·. du Rit Écos.·. ancien et accepté dans le royaume, qu'après avoir fait viser ses diplômes au secrétariat du St-Empire.

3° Le Sup.·. Cons.·. reconnaît que chaque At.·. Maçonn.·. a la faculté de suivre le Rit, reconnu dans le royaume, qui lui convient, d'en changer et d'en exercer plusieurs simultanément et de les cumuler de la même manière, que chaque membre de l'Ordre peut se faire initier à chacun d'eux et suivre ses travaux.

4° Pour perpétuer le souvenir de l'activité de ses travaux, le Sup.·. Cons.·. arrête qu'il sera célébré tous les cinq ans, le 1ᵉʳ j.·. du 3ᵉ m.·., une fête solennelle, à laquelle tous les At.·. Maçonn.·. du royaume seront invités à prendre part par la présence de leur Vénérable, ou d'un de leurs membres effectifs à ce spécialement député. Que l'on y proclamera les nouvelles assurances de la fidélité de l'Ordre en général et du Rit Écossais ancien et accepté en particulier, aux principes constitutionnels du gouvernement, et leur application à fortifier les liens fraternels qui font de tous les Maçons une seule et même famille.

Nota. Cette décision a été communiquée aux Loges du royaume.

IV.

23ᵉ j∴ du 3ᵉ m∴ 5825 (23 mai 1825).

Installation, par le Sup∴ Cons∴, en la vallée de Louvain, de la Grande Loge des Grands Écossais de St-André d'Écosse, 29ᵉ degré, sous le titre distinctif de *la Constance*.

Nota. Cette Grande Loge n'a point pouvoir de délivrer des diplômes ni de conférer les degrés au-dessus du 18ᵉ, sans au préalable et pour chaque impétrant, avoir obtenu l'assentiment du Sup∴ Cons∴.

V.

17ᵉ j∴ du 9ᵉ m∴ 5826 (17 novembre 1826).

1° A l'avenir les Maçons élevés au 18ᵉ degré (R∴ +∴) pourront être admis à collationner le 27ᵉ degré avec diplôme; les degrés intermédiaires seront donnés, dans ce cas, par communication.

2° Tout Maçon admis à collationner un grade dans les degrés que confère le Sup∴ Cons∴ devra, avant la tenue d'initiation, verser, ès mains du Trésorier du St-Empire, le montant de la rétribution fixée par le Réglement, à moins qu'il ait été fait remise de métaux.

3° La remise de métaux ne peut jamais s'appliquer à la rétribution due au F∴ servant.

VI.

27ᵉ j∴ du 9ᵉ mois 5826 (27 novembre 1826).

Il sera établi dans les provinces septentrionales un consistoire particulier de P∴ de R∴ Secret, 32ᵉ degré.

VII.

22e j.·. du 12e m.·. 5826 (22 février 1827).

Désormais tous les diplômes émanés d'une puissance étrangère qui seront présentés au visa, en exécution de la décision n° III ci-dessus, seront visés comme suit :

« Vu par le Sup.·. Cons.·., pour le royaume des Pays-Bas,
» des Puissants et Souverains Grands Insp.·. Gén.·., 33e et der-
» nier degré du Rit Écossais ancien et accepté. Le présent
» diplôme est visé en exécution de la décision du 22e j.·. du
» 1er m.·. 5825. »

VIII.

12e j.·. du 1er m.·. 5829 (12 mars 1829).

Il est décidé que des pouvoirs suffisants seront donnés au T.·.Ill.·. F.·. Chev.·. de Montezuma [1], gentilhomme brésilien, à l'effet d'établir un Sup.·. Cons.·. du Rit dans l'empire du Brésil, à l'Orient de Rio-Janeiro.

Nota. Les pouvoirs transcrits au livre d'or sont datés du 6 avril 1829.

L'installation de ce Sup.·. Cons.·. a eu lieu le 12e j.·. du mois de novembre 1832, et toutes les pièces le constatant ont été envoyées au Sup.·. Cons.·. de Belgique, accompagnées d'une planche datée du 7 février 1833.

IX.

16e j.·. du 3e m.·. 5829 (16 mai 1829).

Il sera établi un consistoire de P.·. de R.·. S.·., 32e degré, près la *Loge des Amis du Commerce*, à l'Or.·. d'Anvers.

Nota. Les événements survenus en 1830 n'ont pas permis de donner suite à ce décret.

---

[1] Cet Ill.·. Maç.·. est aujourd'hui ministre plénipotentiaire de S. M. I. l'empereur du Brésil, près de S. M. la reine d'Angleterre.

X.

3ᵉ j∴ du 8ᵉ m∴. 5832 (3 octobre 1832).

1° Le prix des cahiers est fixé :
Pour les 17 premiers degrés, chacun à . . . . fr.   6
Pour ceux supérieurs jusques et y compris le 30°, à . .   7
Pour les 31° et 32°, à 10

2° Pour la meilleure conservation des pièces relatives à la fondation du Sup∴. Cons∴. et autres matériaux précieux de l'Ordre, ils seront renfermés dans une caisse en fer à trois clés, dont l'une sera remise au Souv∴. Gr∴. Comm∴. Gr∴. Maît∴., et les deux autres au Trésorier et au Secrét∴. Gén∴. du St-Empire.

Note en sera tenue au livre d'or et l'inventaire des pièces renfermées dans la caisse y sera transcrit.

XI.

5ᵉ j∴ du 3ᵉ m∴. 5832 (5 janvier 1833).

La Resp∴. L∴. des *Amis sincères du roi et de la patrie* à l'Or∴. d'Anvers est autorisée à changer son titre distinctif en celui de LA PERSÉVÉRANCE.

Nota. Le bref qui autorise ce changement a été délivré le même jour.

XII.

4ᵉ j∴. du 1ᵉʳ m∴. 5835 (4 mars 1835).

Un mot annuel et spécial, pour le Rit Écossais ancien et accepté, sera adressé, chaque année, aux LL∴. de l'obédience du Sup∴. Cons∴.

XIII.

4ᵉ j.˙. du 4ᵉ m.˙. 5836 (4 juin 1836).

Décret qui institue un Collége du 22ᵉ degré, *Prince du Liban ou Chevalier Royal-Hache,* près la Resp.˙. L.˙. *la Régénération,* en la Val.˙. de Malines.

Nota. Aux termes du Réglement administratif du Rit, ce corps ne peut recevoir à ce degré que les candidats admis par le Sup.˙. Cons.˙. Il ne délivre point de diplômes.

XIV.

5ᵉ j.˙. du 8ᵉ m.˙. 5837 (5 octobre 1837).

Le Sup.˙. Cons.˙. ayant reçu communication de la protestation émanée des Ill.˙. FF.˙. *Franklin, De la Fargue, Decour* et *Bonnet,* datée de Port-au-Prince, île d'Haïti, le 24ᵉ j.˙. du 11ᵉ m.˙. 5835, ainsi que de la résolution prise par le Sup.˙. Cons.˙. du Rit ancien et accepté pour la France, le 8ᵉ j.˙. du 3ᵉ m.˙. 5836 ;

Entendu le Lieut.˙. Gr.˙. Commandeur, en son rapport et conclusion ;

Considérant que les principes de l'indépendance absolue des Rites est l'une des bases fondamentales de la Maçonn.˙. et bien nommément du Rit Écossais et accepté ;

Que le Traité d'Union entre les Sup.˙. Cons.˙. de France, de New-Yorck, de Rio-Janeiro et de Belgique, en date du 23ᵉ j.˙. du 12ᵉ m.˙. 5833, dûment ratifié par chacune de ces hautes autorités Maçonn.˙., contient une proclamation formelle de ce principe ; et que de la garantie réciproque, résultant de stipulation, contenue au § IV de l'art. 1ᵉʳ dudit traité, dérive pour chacun des Sup.˙. Cons.˙., parties audit traité, l'obligation positive de s'opposer de tout son pouvoir à toute tentative quelconque, peu importe d'où elle émane, qui aurait pour objet ou pour tendance de porter atteinte au susdit principe d'indépendance;

Considérant que les faits perpétrés au Port-au-Prince, île d'Haïti, qui ont motivé la protestation ci-dessus rappelée, sont évidemment attentatoires aux droits des Sup.·. Cons.·. du Rit ancien et accepté, lesquels, comme autorités supérieures indépendantes et comme corps constituant exclusif pour le Rit ancien, ont seuls le droit de créer des Sup.·. Cons.·. de ce Rit, dans les contrées où il n'en existe pas; et d'établir des Corps Maçon.·. Écossais du Rit, dans les diverses localités situées dans le rayon territorial respectivement soumis à leur obédience ;

Considérant que cette atteinte portée aux droits des Sup.·. Cons.·. devient plus évidente, lorsqu'on considère que c'est d'un Corps Maçonn.·., ne possédant pas le Rit ancien et accepté, n'étant pas sous l'obédience d'un Sup.·. Cons.·. de ce Rit et n'ayant reçu aucun pouvoir spécial d'un tel Sup.·. Cons.·., que sont émanées les dispositions dont les Maçons Écossais du Rit ancien, se trouvant dans l'île d'Haïti, se sont plaints à si juste titre;

Considérant que les motifs sur lesquels sont appuyées la susdite protestation du 24ᵉ j.·. du 11ᵉ m.·. 5835, et la résolution du Sup.·. Cons.·. de France du 8ᵉ j.·. du 3ᵉ m.·. 5836, sont fondés en tout point et se trouvent en harmonie parfaite avec les principes fondamentaux du Rit et avec les stipulations du Traité d'Union,

1° Qu'il adhère à la protestation des FF.·. *Francklin, De la Fargue, Decour* et *Bonnet*, faite à la Vallée de Port-au-Prince, Haïti, le 24ᵉ j.·. du 11ᵉ m.·. 5835, et à la résolution du Sup.·. Cons.·. de France, en date du 8ᵉ j.·. du 3ᵉ m.·. 5836 ; et que par suite, les Grades qui peuvent avoir été conférés ou qui pourraient l'être à l'avenir par l'autorité usurpatrice d'Haïti, ou par tout autre qu'un Sup.·. Cons.·. régulièrement constitué, seront considérés comme nuls et non avenus ;

2° Que lesdites protestation et résolution seront textuellement transcrites au livre d'or, à la suite de la présente résolution ;

3° Qu'expéditions en due forme de la présente résolution seront adressées aux Sup.·. Cons.·., parties contractantes au Traité d'Union du 23e j.·. du 12° m.·. 5833, ainsi qu'au T.·. Ill.·. F.·. *Francklin*, député du Sup.·. Cons.·. de France, à Haïti ;

Et 4° qu'à la diligence du T.·. Ill.·. F.·. G.·. Secr.·. du St-Empire, la présente résolution sera communiquée au Consistoire des Princes de Royal Secret, 32e degré, à l'Aréop.·. des Chev.·. K.·., 30e degré, aux divers tribunaux et conseils des degrés inférieurs ainsi qu'aux Chapitres et Loges établis dans le territoire soumis à l'obédience du Sup.·. Cons.·., avec injonction de s'y conformer.

Fait en Sup.·. Cons.·., près de B. A., etc., les jour, mois et an que dessus.

Signés, P.-J. Stevens, Cattoir, Verhaeghen aîné, Carton, De Frenne, Weemaels, Ad. Jouvenel, De Grégoire, Marchal, Le Chev.·. Chameau, Desessarts, J.-A. Jacobs et Darquier, *tous 33e*.

XV.

14e j.·. du 11e m.·. 5837 (14 janvier 1837).

Le T.·. Ill.·. F.·. *Verhaegen* aîné, membre du Sup.·. Cons.·., Vénérable d'une L.·. de l'obédience, ayant communiqué un projet de déclaration qu'il se proposait de soumettre à la signature de chacun des Membres qui composent son At.·., a demandé l'avis du Sup.·. Cons.·. — Cette déclaration est ainsi conçue :

« Nous soussignés, renouvelons sur l'honneur, par la pré-
» sente déclaration, le serment que nous avons solennelle-
» ment prêté lors de notre initiation ; déclarons itérativement

» que nous serons fidèles à l'Ordre Maç.·., que nous ne cesse-
» rons d'en propager les principes, en tout temps et en tous
» lieux ; que nous repousserons sans crainte et par tous les
» moyens qui seront en notre pouvoir les agressions qui pour-
» raient être dirigées contre l'Association dont nous faisons
» partie. »

Le Sup.·. Cons.·. décide à l'unanimité que cette déclaration est conforme aux véritables principes Maçonn.·., dont le Sup.·. Cons.·. est lui-même pénétré ; que, loin d'y trouver obstacle, il juge convenable que cette déclaration soit soumise, non seulement aux FF.·. composant la L.·. dont il s'agit, mais à ceux composant les At.·. Écossais ; à quel effet ampliation de cette déclaration sera envoyée par les soins du Secrét.·. du St-Empire, à toutes les LL.·. de son obédience.

Des ampliations de la présente résolution seront en outre adressées aux Sup.·. Cons.·. de France, du Brésil et de l'Amérique.

Signés, P.-J. STEVENS, Lieut.·. G.·. C.·., DE FRENNE,
Le Chev.·. CHAMEAU, CATTOIR, MARCHAL,
WEEMAELS, AD. JOUVENEL, DE GRÉGOIRE,
VERHAEGEN aîné, DESESSARTS, J.-A. JACOBS,
DARQUIER et CARTON, *tous* 33°.

XVI.

6e j.·. du 11e m.·. 5839 (6 janvier 1840).

Une Gr.·. L.·. de St-André, ayant concentré en elle-même les pouvoirs attribués au Souv.·. Chap.·. de R.·. +.·., établi sous le même titre et près de la même Loge, IL EST INTERVENU, sur recours au Sup.·. Cons.·., la déci-sion dont voici un extrait :

Considérant que la création et l'érection d'un Chapitre don-nent aux FF.·. appelés à le composer un droit acquis à ce que ce Chapitre soit maintenu dans sa pureté native et forme un corps séparé, jouissant des droits, prérogatives et immunités dont ces Chapitres sont généralement en possession;

Considérant que le document intitulé Réglement particulier, etc., etc., est irrégulier de divers chefs, nommément en ce qu'il a réuni le Chapitre et la Gr.·. L.·. de St-André en un seul corps;

Qu'il entre dans les devoirs du Sup.·. Cons.·. d'user du pouvoir qui lui est confié, pour faire règner et maintenir l'harmonie et le bon ordre dans toutes les Loges, Chapitres, Colléges et autres Institutions soumis à son obédience ,

Décide qu'il y a eu abus, et que le Chapitre de R.·. +.·. dont il s'agit restera totalement séparé et indépendant de la Gr.·. L.·. de St-André.

Nota. Cette décision a été acceptée et exécutée avec une respectueuse obéissance.

XVII.

5ᵉ j.·. du 2ᵉ m.·. 5840 (5 avril 1840).

Décret qui constitue un aréopage du 30ᵉ degré en la Vall.·. de Mons, près la Resp.·. L.·. la *Parfaite Union.*

Nota. Ce corps ne peut admettre à ce degré que ceux des candidats qu'il a fait agréer par le Sup.·. Cons.·.
Il ne délivre point de diplômes.

XVIII.

3ᵉ j.·. du 3ᵉ m.·. 5841 (3 mars 1841).

Résolution : 1° A l'avenir le 31ᵉ degré, *Gr.·. Inspecteur, Inquisiteur Commandeur* sera conféré solennellement, conformément aux dispositions de l'art. 30 du réglement administratif du Rit;

2° Les promotions à ce degré se feront toujours à titre de récompense.

Nota. C'est une règle pour le Sup.·. Cons.·. qui ne lie point les Conseils particuliers du 32ᵉ degré.

XIX.

24ᵉ j.·. du 1ᵉʳ m.·. 5841 (24 mars 1841).

Approbation de fusion de la Resp.·. L.·. de l'*Industrie* à l'Or.·. de Lodelinsart, de l'obédience du Sup.·. Cons.·. avec la Resp.·. L.·. de l'*Avenir* à l'Or.·. de Charleroi, de l'obédience du Gr.·. Or.·.; fusion qui a eu lieu le 26ᵉ j.·. du 12ᵉ m.·. dernier.

Le Souv.·. Gr.·. Insp.·. Gén.·. 33ᵉ degré, représentant le Sup.·. Cons.·. dans la province du Hainaut, est chargé de donner la consécration Écoss.·. à ceux des membres de l'*Avenir,* qui ne l'auraient point encore reçue.

Un Chap.·. du 18ᵉ degré sera établi près cette Resp.·. L.·. qui prendra désormais le titre de : *l'Avenir et l'Industrie.*

Nota. Ce Chapitre a été solennellement installé le 9ᵉ j.·. du 3ᵉ m.·. 5841 (9 mai 1841).

XX.

5ᵉ j.·. du 5ᵉ m.·. 5841 (juillet 5841).

Décret instituant un Consistoire particulier du 32ᵉ degré, en la Vall.·. de Tournai.

Le Sup.·. Cons.·. de Belgique et autres pays soumis à son obédience, des Puissants Souverains Grands Inspecteurs Généraux, Protecteurs, Chefs et Vrais Conservateurs de l'Ordre,

33ᵉ et dernier degré du Rit Écossais ancien et accepté, s'est assemblé en vertu d'une convocation régulière, et conformément à sa décision du 22ᵉ j.˙. du mois solaire précédent, le 2ᵉ de la présente lune,

Et a adopté a l'unanimité le décret suivant, dont le projet lui a été soumis par la commission administrative :

Vu la demande des TT.˙. CC.˙. et TT.˙. RR.˙. FF.˙. Renard (*Bruno*), Simon (*Louis*), Auverlot (*Albert*), Nève (*Philippe*), Prayé (*Louis*), Getelet (*Inglebert*), De Craene (*Jean-Baptiste*), De Beer (*Charles*) et Chaffaux (*Constantin*), TOUS Maçons réguliers, Membres de la Resp.˙. L.˙. des *Frères Réunis* à l'Or.˙. de Tournai, tendante à obtenir à l'Or.˙. de Tournai près la L.˙. susdite, érection d'un Consistoire de Princes de Royal Secret, 32ᵉ degré du Rit Écossais ancien et accepté ;

Considérant qu'il résulte de l'exposé de faits et circonstances, adressé par les impétrants au Sup.˙. Cons.˙., qu'en l'année 5818, le 28ᵉ j.˙. du 10ᵉ m.˙., un Aréopage de Chev.˙. Kad.˙., 30ᵉ degré, et un tribunal de Gr.˙. Inq.˙. Comm.˙., 31ᵉ degré, auraient été créés et érigés près la susdite L.˙. des *Frères Réunis*, à l'Or.˙. de Tournai, par le Consistoire de 32ᵉ degré établi à Douai, en vertu de délégation du Gr.˙. Or.˙. de France ;

Qu'il résulte encore du même exposé, qu'en l'année 5837, un certain Maçon aurait obtenu à Tournai l'affiliation aux 30ᵉ et 31ᵉ degrés ; et qu'il aurait, le 17ᵉ j.˙. du 1ᵉʳ m.˙. 5838, faisant usage de pouvoirs qui lui auraient été conférés, en 5815, par un autre Maçon, en vertu de délégation du Sup.˙. Cons.˙. d'Amérique, fait offre aux Frères Simon, Renard, Nève et Auverlot, prénommés respectivement Président du Tribunal des GG.˙. Inq.˙. Comm.˙., 31ᵉ degré, Gr.˙. M.˙. de l'Aréopage du 30ᵉ degré, et TT.˙. SS.˙. des Souv.˙. Chapitres de R.˙. ✝.˙. de Killwinning et de R.˙. ✝.˙.. 18ᵉ degré du Rit, de les initier aux 32ᵉ et 33ᵉ degrés du Rit Écossais ancien et accepté, aux fins de former un Consistoire de Princes de Royal Secret et un Sup.˙. Cons.˙. de 33ᵉ et dernier degré ;

Considérant que les impétrants déclarent et affirment de

la manière la plus positive, que lorsque ce Maçon leur a fait ces propositions, et lorsqu'ils y ont adhéré, ils ignoraient l'existence, en Belgique, d'une puissance dogmatique, protectrice et dominatrice pour le Rit Écossais ancien et accepté ;

Que la demande spontanée faite par eux auprès du Sup∴ Cons∴, dès que son existence leur fut révélée, est la preuve évidente de leur désir sincère d'être validement régularisés et de se soumettre aux Lois, Réglements et Statuts du Rit Écossais ancien et accepté ;

Que, d'ailleurs, nos dits Frères Renard, Simon, Auverlot, Nève, Prayé, Getelet, De Craene, De Beer et Chaffaux, sont connus pour Maç∴ personnellement très méritants, stricts et fidèles observateurs des doctrines et des principes de notre Ordre Sublime, aussi érudits dans les hautes sciences de l'Art Royal, que sages dans l'application de ses préceptes ;

Considérant enfin, que dans la province du Hainaut il n'existe point de Conseil particulier de Princes de Royal Secret, 32ᵉ degré ;

Entendu la commission administrative en son rapport et en ses conclusions conformes ;

Ouï également le Ministre d'État, Gr∴ Or∴ du Saint Empire, aussi en ses conclusions conformes ;

LE SUPRÊME CONSEIL DÉCRÈTE :

Art. 1ᵉʳ. Un Consistoire particulier de Sub∴ Princ∴ de Royal Secret, 32ᵉ degré du Rit Écossais ancien et accepté, sera érigé, organisé et installé en la Vall∴ de Tournai, province de Hainaut, près la Resp∴ L∴ des *Frères Réunis*, avec tous les droits, honneurs et prérogatives qui y appartiennent, d'après les statuts et réglements.

Art. 2. Le Cons∴ particulier des *Frères Réunis* sera tenu de se conformer :

Aux grandes Constitutions de 1786, portant création des Sup∴ Cons∴ des Puiss∴ et Souv∴ Grands Inspecteurs Généraux, 33ᵉ et dernier degré du Rit ;

A celles de 1762, particulières aux Subl.·. Princ.·. de
Royal Secret, en ce qu'il n'y est pas dérogé par les grandes
Constitutions de 1786 et par les précédentes délibérations
du Supr.·. Cons.·.;

Aux Statuts, instituts et Réglements généraux du Rit;

Au Réglement administratif du Rit Écoss.·. ancien et accepté du 12e j.·. du 10e m.·. *Tevet, anno Lucis* 5818 ;

Au Traité d'Union, d'Alliance et de Confédération Maç.·.,
conclu à Paris, le 15e j.·. de la lune d'*Adar,* 12e m.·. *anno
Lucis* 5833, et, de l'ère vulg.·., 23 février 1834, entre les
Supr.·. Cons.·. de France, du Brésil et de l'hémisphère occidental, séant à l'Or.·. de New-Yorck, auquel le Sup.·. Cons.·.
de Belgique a adhéré le 5e jour du 1er m.·. 5835 ;

Et à tous autres décrets du Sup.·. Cons.·., pris ou à prendre, comme Puissance dogmatique et régulatrice du Rit.

En cas de contravention, les dispositions de l'art. 1er sont,
dès à présent, révoquées, déclarées nulles et de nul effet; et
les Membres, composant ledit conseil particulier, seront
pour lors, tenus de se dissoudre à la première injonction qui
leur en sera faite par le Suprême Conseil.

Art. 3. Sont reconnus comme Princ.·. de Royal Secret et
régularisés comme tels, pour autant que de besoin, les TT.·.
Ill.·. Frères Renard (*Bruno*), Simon (*Louis*), Auverlot (*Albert*),
Nève (*Philippe*) Prayé (*Louis*), Getelet (*Inglebert*), De Beer
(*Charles*), et Chaffaux (*Constantin*), LESQUELS composeront
le consistoire des Princ.·. de Royal Secret, près la Resp.·. L.·.
des *Frères Réunis* à l'Or.·. de Tournai.

Art. 4. Les Subl.·. Princes de Royal Secret ci-dessus dé-
nommés se réuniront en conseil particulier aux jour et heure
qui leur seront indiqués, sous la présidence de l'un des délégués du Sup.·. Cons.·. chargés de les installer et de recevoir
leur serment individuel d'obéir au Sup.·. Cons.·., de se conformer à ses délibérations et décrets, et de les faire exécuter
scrupuleusement.

Art. 5. Le Sér.·. Gr.·. Comm.·. Gr.·. M.·. désignera les
Ill.·. GG.·. Insp.·. Généraux, Membres du Sup.·. Cons.·., pour

procéder à cette installation. Pouvoirs sont donnés, dès à présent, aux Ill∴ FF∴ qui composeront la commission, de viser toutes chartes, diplômes et patentes qui pourraient leur être présentés pendant la tenue d'installation dudit Cons∴ particulier.

Art. 6. Le Cons∴ particulier des *Frères Réunis* aura un étendard, pris parmi ceux de l'heptagone des Princes de Royal Secret ; il sera composé ainsi qu'il suit :

L'étendard portera en tête la lettre N, troisième du mot *Tengu*. Il aura pour armes un aigle à deux têtes avec une couronne d'or, unissant les deux têtes. L'aigle tiendra dans ses serres une épée nue à droite, un cœur sanglant à gauche. Le fond de l'étendard sera de couleur vert d'eau ; il sera surmonté d'une pique argentée, avec glands en soie de couleur écossaise, torsade d'argent pur ou faux, il sera bordé d'une frange écossaise mêlée de torsades, argent pur ou faux. Il sera carré sur la largeur du taffetas servant de base formant l'étendard. Il sera attaché à un bâton blanc. Sur le revers de l'étendard sera écrit en lettres d'or : *Conseil particulier des Princes de R∴ S∴ à l'Or∴ de Tournai.*

Art. 7. Le Cons∴ particulier des *Frères Réunis* rendra compte de ses opérations et travaux au Sup∴ Cons∴, aux équinoxes et solstices, et ce, pour le maintien de l'ordre et la plus grande prospérité du Rit.

Art. 8. Il n'admettra dans ses travaux et dans ceux supérieurs au 18° degré, que les porteurs de diplômes émanés du Sup∴ Cons∴ ou visés de lui et, à défaut de diplômes, les Frères promus aux hauts degrés, reconnus par lui et compris sur le tableau arrêté par le Sup∴ Cons∴ chaque année, en s'assurant de l'identité de ceux qui s'y présenteraient.

Sont exceptés les Frères porteurs de diplômes émanés d'une des Puissances Confédérées, lesquels se trouvant de passage en la Vall∴ de Tournai seront admis comme visiteurs et sans la formalité du visa aux travaux du Cons∴ et à ceux des degrés inférieurs.

Art. 9. Le réglement administratif du Rit Écossais ancien

et accepté pour le royaume de Belgique, sera annexé au présent décret, ainsi que le traité d'Union, d'Alliance et de Confédération ci-dessus rappelé.

Ils seront l'objet d'une étude spéciale de la part des dignitaires et des membres du Conseil particulier des *Frères Réunis*. Le premier est la règle de leur régime intérieur, comme le second est la boussole qui doit les guider dans toutes les relations nées ou à naître de la grande Fédération Maçonn.·. du Régime Écossais ancien et accepté.

Toutes les dispositions, restrictions et interdictions du réglement administratif seront rappelées dans le réglement particulier et spécial du Conseil particulier des *Frères Réunis*, comme les dispositions larges, tolérantes, philantropiques et cosmopolites de l'acte de fédération resteront gravées dans leur mémoire, afin que des règles de l'un et des sublimes maximes de l'autre, il soit toujours fait une sage et saine application.

Aʀᴛ. 10. Le réglement du Conseil particulier des *Frères Réunis*, sera soumis à l'approbation du Sup.·. Cons.·.; à cet effet l'original lui en sera transmis dans un bref délai, accompagné d'une copie, laquelle sera déposée dans les archives du St-Empire.

Il ne pourra être changé ou modifié que du consentement du Sup.·. Conseil.

Aʀᴛ. 11. Le Conseil particulier des *Frères Réunis* sera pourvu d'une caisse solidement construite, fermée par trois clés différentes, dont une sera remise au président du Conseil, une autre au trésorier et la troisième au secrétaire. Note sera tenue de cette remise sur le registre des travaux du jour.

Aʀᴛ. 12. Le présent sera inséré au recueil officiel des actes du Sup.·. Cons.·. et ampliation authentique, revêtue du gr.·. sceau de l'Ordre et du sceau du Sup.·. Cons.·., sera transmise par les soins du Secretaire-général du St-Empire, aux impétrants. Le Cons.·. particulier des *Frères Réunis* la fera transcrire sur un registre à ce destiné ; à la suite seront également transcrits le réglement administratif et le traité, dont il est parlé aux art. 2 et 9 ci-dessus.

Ces trois pièces seront renfermées dans la caisse à trois clés, ainsi que tous autres matériaux précieux de l'Ordre ou émanés des Sup.˙. autorités.

Nota. Le 1er j.˙. du 6e m.˙. 5841, ce Consistoire a été solennellement régularisé, foi et hommage ont été rendus au Sup.˙. Cons.˙. par la L.˙. des *Frères Réunis,* le Chapitre du Rit et les Corps des degrés supérieurs. Procès-verbal du tout a été tracé et signé, puis remis au dépôt des archives du Sup.˙. Cons.˙.

———

XXI.

5e j.˙. du 5e m.˙. 5841 (5 juillet 1841).

Sur la proposition de la Commission administrative et exécutive, et après avoir entendu le ministre d'État, Gr.˙. Or.˙. du St-Empire,

Le Sup.˙. Cons.˙. décrète :

Art. 1er. La Collection des Constitutions, Réglements Généraux, Instituts et Statuts du Rit Écossais ancien et accepté, suivie du Réglement particulier du Rit, pour la Belgique, ainsi que des Décrets, Décisions et Résolutions du Sup.˙. Cons.˙. ayant force obligatoire, le tout précédé d'un aperçu historique sur le Rit et son introduction en Belgique sera imprimé aux frais du Sup.˙. Cons.˙.

Art. 2. Il sera remis ou envoyé par les soins du Secrét.˙. Gén.˙. du St-Empire, à chaque Loge, Chap.˙. et autres Corps de l'obédience du Sup.˙. Cons.˙., un exemplaire de cette Collection.

Tout Maç.˙. du Régime Écossais ancien et accepté, revêtu de l'un des degrés du Rit, depuis le 18e (R.˙. +.˙.) inclus jusqu'au 33°, pourra, sur sa demande, en obtenir un exemplaire.

A l'avenir, chaque candidat à l'un des degrés que confèrent le Sup.˙. Cons.˙. et les Corps Maç.˙. au-dessus du 18e degré, recevra, au moment de son initiation, pareil exemplaire, si déjà il n'en est pourvu.

Art. 3. Chaque exemplaire portera un n° d'ordre et le titre distinctif du Corps Maç.˙. ou le nom du Maç.˙. auquel il sera remis. Il sera, en outre, paraphé par le Trés.˙. et le Secrét.˙. Gén.˙. du St-Empire.

Art. 4. Note sera tenue de la remise des exemplaires, sur un registre contenant le n° d'ordre, le titre ou le nom de la partie prenante et la date.

Art. 5. Nul ne peut se dessaisir de l'exemplaire qui lui aura été remis, qu'avec l'assentiment du Sup.˙. Cons.˙.

Mais en tout temps, le possesseur légitime pourra le réintégrer dans les mains du Trésorier du St-Empire, contre remboursement par celui-ci de ce qui aura été primitivement déboursé.

Art. 6. Il sera fixé un prix de revient pour chaque exemplaire, lequel sera remboursé au Sup.˙. Cons.˙., ès mains du Trésorier du St-Empire.

Fait et donné en Sup.˙. Cons.˙., etc.

Les vingt-et-une *décisions, résolutions* et *dispositions* qui précèdent ont été extraites des Livres d'or du Sup.˙. Cons.˙. et par son ordre, par le soussigné Secrétaire-Général du St-Empire qui les certifie conformes.

Par mandement du Sup.˙. Cons.˙.

Fl. LE ROY, 33ᵉ.

TABLE DES MATIÈRES.

I.

II.

FIN DE LA TABLE.